Animation for Russian Conversation

Animation for Russian Conversation

Jason Merrill

Michigan State University

Julia Mikhailova

University of Toronto

Maria Alley

Ohio State University

Focus Publishing
R. Pullins Company
Newburyport, MA
www.pullins.com

Animation for Russian Conversation

© 2009 Jason Merrill, Julia Mikhailova, and Maria Alley

Focus Publishing/R. Pullins Company
PO Box 369
Newburyport, MA 01950
www.pullins.com

Cover illustrations by Amy Roemer, www.amyroemer.com
Illustrations pages 1-42 © 2010 Cheburashka Movie Partners/Cheburashka Project

ISBN 13: 978-1-58510-310-2

Printed in the United States of America

11 10 9 8 7 6 5 4 3 2

0912BB

Table of Contents / Содержа́ние

Introduction

Contemporary language pedagogy emphasizes teaching language using authentic cultural materials. To this end, several recent Russian language textbooks design exercises around the viewing of classic Russian films (e.g. Kagan, et. al., Mesropova, Pichugina). Like those books, *Animation for Russian Conversation* aims to improve students' Russian-language skills, especially in the area of conversation. This collection, unlike previous textbooks, focuses on the genre of animation.

Animation for Russian Conversation features materials for some of the best-known Russian works of animation. Cheburashka, Karlson, the Hedgehog, and Winnie-the-Pooh (in his Russian incarnation, Vinni Pukh), are known and loved by many Russians, and should be considered significant parts of Russian culture. While the importance of Russian directors and films has long been acknowledged, Russian animation, not unlike Russian children's literature, also was created by some of the finest talents, is of a high artistic level, and is certainly not just for children (see MacFadyen and Pontieri). Many, if not all, of the films presented here can also rightly be considered classics of the Russian cinema.

Three authors have collaborated to create *Animation for Russian Conversation*. Each section belongs to one of them and reflects the personality of the author and the peculiarities of the given animated film. Attempts have been made to standardize the collection, but the authors felt it was important to maintain the character of each individual part. Teachers using these materials will therefore notice differences among the sections.

The majority of the exercises presented in this collection are intended for Russian students of the Novice High to Intermediate Mid levels according to ACTFL guidelines, with some additional activities designed for more advanced learners. But hopefully the book will be of use to anyone interested in learning the language while working with authentic Russian materials. The more basic exercises emphasize repetition of certain vocabulary items and grammatical constructions, while each unit has more advanced exercises that will challenge students to creatively work with the material. Instructors can select assignments based on the level of their group and their course goals. Instructors will find that some of the grammar exercises may require additional explanation and might be best covered in conjunction with exercises in their regular textbook, depending on the level of the class. To help instructors coordinate the films with their lessons, the Table of Contents includes a listing of grammar and lexical topics covered in each section.

The description of characters' appearance and personalities is a useful topic to help students progress from sentence-level to paragraph-level discourse. While each section contains such descriptive exercises, the authors have also included a small reference section, Appendix 1: Describing Appearance and Personality, intended to help students develop this skill and talk about their favorite characters with increasing detail and accuracy. Students are encouraged to look at the Appendix before beginning the lessons and to refer to it frequently as they complete the related assignments.

Selected Further Readings

Asenin, Sergei. *Mir Mul'tfil'ma*. Moscow: Iskusstvo, 1986.

Ginzburg, Sergei. *Risovannyi i kukol'nyi fil'm: Ocherki razvitiia sovetskoi mul'tiplikatsionnoi kinematografii*. Moscow: Iskusstvo, 1957.

Ivanov-Vano, Ivan. *Kadr za kadrom*. Moscow: Iskusstvo, 1980.

Kagan,Olga, Mara Kashper, and Yuliya Morozova. *Cinema for Russian Conversation, Vol. 1*. Newburyport, MA: Focus Publishing, 2005.

Kagan,Olga, Mara Kashper, and Yuliya Morozova. *Cinema for Russian Conversation, Vol. 2*. Newburyport, MA: Focus Publishing, 2005.

Kitson, Clare. *Yuri Norstein and Tale of Tales: An Animator's Journey*. Bloomington: Indiana University Press, 2005.

MacFadyen, David. *Yellow Crocodiles and Blue Oranges: Russian Animated Film Since World War Two*. Montreal: McGill-Queen's University Press, 2005.

Mesropova, Olga. *KINOTALK: Russian Cinema and Conversation*. Slavica Publishers, 2007.

Norshtein, Iurii. *Sneg na trave. Glavy iz knigi. Moskva: VGIK* (*Vsesoiuznyi gosudarstvennyi ordena trudovogo krasnogo znameni institut kinematografii*), 2005.

Norshtein, Iurii, and Francheska Iarbusova. *Skazka skazok*. Moscow: Izdatel'stvo Krasnaia Ploshchad', 2005.

Pichugina, Valentina. *Advanced Russian Through Film* (*A Collection of Transcripts And Exercises*). Hermitage, 2005.

Pontieri, Laura. *Russian Animation of the 1960s and the Khrushchev Thaw*. Diss. Yale University, 2006.

Venzher, Nataliia, ed. *Sotvorenie fil'ma ili neskol'ko interv'iu po sluzhebnym voprosam (O soiuzmul'tfil'me rasskazyvaiut dramaturgi, rezhissery, khudozhniki, kompozitory, aktery, operatory)*. Moscow: Soiuz kinemato-grafistov SSSR, Vsesoiuznoe tvorchesko-proizvodstvennoe ob''edinenie "Kinotsentr", 1990.

Volkov, Anatolyi. *Mul'tiplikatsionnyi fil'm*. Moscow: Znanie, 1974.

Wells, Paul. "Case study: Tale of Tales." In *Understanding Animation*. London: Routledge, 1998. 93-104.

Yampolsky, Mikhail. "The Space of Animated Film: Khrzhanovsky's *I Am with You Again* and Norstein's *The Tale of Tales*." *Animating the Fantastic*. Special issue of *Afterimage* 13 (1987): 93-117.

(The authors would like to thank Laura Pontieri for her assistance in compiling this list)

Чебура́шка

The team of Roman Kachanov (director and screenwriter) and Eduard Uspensky (screenwriter, and also author of the books about these characters), aided by other well-known Soviet animators such as Yuri Norshtein, created four episodes of the adventures of Cheburashka and his friends: "Crocodile Gena" (1971), "Cheburashka" (1972), "Shapokliak" (1974), and "Cheburashka Goes to School" (1983). Despite their origins in the Soviet era, Cheburashka, Crocodile Gena, and Shapokliak remain popular in Russia today: they are shown frequently on Russian television and have appeared in other contexts. A white Cheburashka, for example, was the official mascot of the 2006 Russian winter Olympic team. Students studying Cheburashka gain valuable cultural as well as linguistic knowledge.

All four episodes have been released on one DVD, *The Adventures of Cheburashka and Friends* (this DVD is distributed by Films by Jove at www.russiananimation.com). The exercises presented here are designed around this DVD.

These materials are designed for late first-year or second-year students who are ready to begin work with authentic Russian-language media. "Cheburashka" makes a good starting point .for such study because the dialogue is not too fast or dense, and several expressions repeat in each episode. The exercises seek, in a variety of contexts, to practice the vocabulary needed for comprehension of the episodes and also to encourage students to work creatively with this material. The grammar exercises are not intended to be comprehensive in any way but rather to reinforce some of the key constructions in each episode.

The episodes have been divided into ten-minute sections, with times indicated with each section's title (followed by the last words of the section, if relevant). The exercises are designed for two viewings of each section, but they are flexible and instructors may adjust as necessary. There are warm-up exercises that can be covered before viewing («До просмо́тра»), some of which include cultural notes under the heading «Культу́ра». These are followed by exercises to be completed after the first viewing («Пе́рвый просмо́тр») and second viewing («Второ́й просмотр»). The activities for after the second viewing («По́сле просмо́тра») include comprehension questions and grammar exercises. After the last episode there are general questions and assignments that can be used for class discussion or essay topics.

1

«Крокоди́л Ге́на», часть пе́рвая (0:00-10:17)

До просмо́тра

Дава́йте познако́мимся с на́шими геро́ями:

1. Э́то Чебура́шка:

1. У него́ ма́ленькие и́ли больши́е у́ши?
2. У него́ ма́ленькие и́ли больши́е глаза́?
3. У него́ дли́нный и́ли коро́ткий нос?
4. Он ма́ленького и́ли большо́го ро́ста?
5. Он по́лный и́ли стро́йный?
6. Как вы ду́маете, он весёлый? До́брый? Краси́вый? Симпати́чный?
7. Нра́вится ли он вам? Почему́?

2. Э́то Ге́на:

1. У него́ ма́ленькие и́ли больши́е у́ши?
2. У него́ ма́ленькие и́ли больши́е глаза́?
3. У него́ ма́ленькие и́ли больши́е зу́бы?
4. У него́ дли́нный и́ли коро́ткий нос?
5. Он ма́ленького и́ли большо́го ро́ста?
6. Он брюне́т, блонди́н и́ли лы́сый?
7. Как вы ду́маете, како́го он цве́та?
8. Как вы ду́маете, каки́е у Ге́ны есть хо́бби?
9. Нра́вится ли он вам? Почему́?

3. Э́то Га́ля:

1. Она́ молода́я и́ли ста́рая?
2. Как вы ду́маете, ско́лько Га́ле лет?
3. Она́ у́чится и́ли рабо́тает?
4. Как вы ду́маете, она́ весёлая и́ли гру́стная?
5. Она́ блонди́нка, брюне́тка, и́ли ры́жая?
6. Она́ симпати́чная? Почему́ вы так ду́маете?

4. Э́то То́бик:

1. У То́бика ма́ленькие и́ли больши́е у́ши?
2. У него́ ма́ленькие и́ли больши́е глаза́?
3. У него́ дли́нный и́ли коро́ткий нос?
4. Он ма́ленького и́ли большо́го ро́ста?
5. Как вы ду́маете, у То́бика хоро́ший и́ли злой хара́ктер?
6. Вы хоте́ли бы име́ть таку́ю соба́ку? Почему́ да и́ли нет?

5. Вопро́сы для обсужде́ния. Questions for discussion.

1. У вас мно́го друзе́й?
2. Как вы ду́маете, ка́ждому ну́жен хоро́ший друг?
3. Что вы де́лаете, когда́ вам ску́чно?
4. Спроси́те у ва́ших одноку́рсников, что они́ де́лают, когда́ им ску́чно, и расскажи́те кла́ссу.

Пе́рвый просмо́тр

6. Ве́рно (+) и́ли неве́рно (-)? True (+) or False (-)?

1. Чебура́шка лю́бит есть бана́ны _____
2. Чебура́шка и продаве́ц иду́т в зоопа́рк _____
3. Чебура́шку беру́т в зоопа́рк _____
4. Чебура́шка бу́дет рабо́тать в магази́не _____
5. Чебура́шка бу́дет жить в телефо́нной бу́дке _____
6. Ге́на то́же рабо́тает в магази́не _____
7. Ге́на живёт оди́н _____
8. Ге́не гру́стно _____
9. Ге́на не хо́чет име́ть друзе́й _____
10. Га́ля и То́бик прихо́дят к Ге́не _____
11. То́бик лю́бит пить во́ду _____
12. Чебура́шка то́же прихо́дит к Ге́не _____
13. В словаре́ есть сло́во «Чебура́шка» _____

Второ́й просмо́тр

7. Кто говори́т сле́дующее? Who says the following?

(персона́жи: дире́ктор магази́на, продаве́ц апельси́нов, Чебура́шка, Ге́на, Га́ля, То́бик)

1. Мне нра́вится э́тот зверь; он, ты зна́ешь, похо́ж на брако́ванную игру́шку. _____
2. А где я бу́ду жить? _____
3. «Молодо́й крокоди́л хо́чет завести́ себе́ друзе́й» то́чка. _____
4. Не плачь, пойдём со мной! _____
5. Э́то вам нужны́ друзья́? _____
6. У вас тако́й беспоря́док! _____
7. Кто там? _____
8. Вы случа́йно не медвежо́нок? _____
9. Чай, чемода́н, чебуре́ки, Чебокса́ры. Стра́нно, никаки́х Чебура́шек нет. _____
10. Зна́чит, вы не бу́дете со мной дружи́ть? _____

По́сле просмо́тра

8. В како́м поря́дке? Put the following events from this episode in order. There may be events that do not occur in this episode!

_____ Ге́на даёт То́бику молоко́.

_____ Чебура́шка ви́дит Ге́ну в зоопа́рке.

_____ Ге́на пи́шет, что ему́ нужны́ друзья́.

_____ Чебура́шка смо́трит в слова́рь.

_____ Ге́на идёт домо́й с рабо́ты.

_____ Чебура́шка и продаве́ц иду́т в зоопа́рк.

_____ Чебура́шка прихо́дит к Ге́не.

_____ Продаве́ц нахо́дит Чебура́шку в я́щике с апельси́нами.

_____ Га́ля и То́бик прихо́дят к Ге́не.

_____ Ге́на и Га́ля говоря́т, что бу́дут дружи́ть с Чебура́шкой.

_____ Ге́на игра́ет в ша́хматы.

9. Вопро́сы. Answer the following questions in complete sentences.

1. Что лю́бит есть Чебура́шка?

2. Почему́ Чебура́шку не беру́т в зоопа́рк?

3. Где рабо́тает Чебура́шка?

4. Где рабо́тает Ге́на? Кем?

5. Что де́лает Ге́на до́ма?

6. Почему́ Ге́на пи́шет письмо́? (Что ему́ ну́жно? / Кто ему́ ну́жен?)

7. Кто прихо́дит к Ге́не?

8. Что лю́бит есть То́бик?

9. Почему́ Ге́на смо́трит слова́ в словаре́?

10. Упражне́ние. Дире́ктор магази́на говори́т, что Чебура́шка похо́ж на брако́ванную игру́шку. Using the short adjective похо́ж (похо́жа, похо́же, похо́жи), say that the following people look like the following people or things. Похо́ж на + accusative case. Remember the animate accusative for animate males.

Образцы́: И́горь / свой брат
И́горь похо́ж на своего́ бра́та.

Ма́ша / Мари́я
Ма́ша похо́жа на Мари́ю.

Са́ша / ста́ршая сестра́	Ко́ля / ру́сский президе́нт
Джейн / Мари́я Петро́вна	Никола́й / наш преподава́тель
ма́ма / ба́бушка	его́ дом / музе́й
мой брат / мой оте́ц	их роди́тели / ру́сские
моя́ сестра́ / моя́ тётя	на́ше общежи́тие / ???

10а. Упражне́ние. На кого́ ты похо́ж / похо́жа? Ask your classmates whom they look like and report back to the class.

11. Упражне́ние. Расска́зчик говори́т, что Ге́на рабо́тает крокоди́лом. «Рабо́тать кем» = to work as someone. Say that these people work as the following.

Образцы́: па́па / пожа́рник
Па́па рабо́тает пожа́рником.

ма́ма / учи́тельница
Ма́ма рабо́тает учи́тельницей.

па́па / бизнесме́н	де́душка / писа́тель
дя́дя Ко́ля / учи́тель	мой брат / официа́нт
тётя Кла́ра / балери́на	моя́ сестра́ / актри́са
мои́ роди́тели / фе́рмеры	они́ / дипломаты
ба́бушка / сы́щик	ты / кто?

11а. Упражне́ние. Кем рабо́тают ва́ши роди́тели? Ва́ши друзья́? Ask your classmates about their parents' and friends' professions and report back to the class.

12. Упражне́ние. Запо́лните про́пуски. Fill in the blanks with an appropriate word from the vocabulary list for this section. Watch for subject / verb and case agreement.

1. Чебура́шка живёт в _____. На рабо́те он стои́т в _____ и привлека́ет _____ прохо́жих.
2. Ге́на рабо́тает в _____. До́ма он ку́рит _____ и игра́ет в _____.
3. Никто́ не зна́ет, како́й Чебура́шка _____.
4. У Чебура́шки больши́е _____. У Ге́ны дли́нный _____.
5. Га́ля ду́мает, что мо́жет быть Чебура́шка - _____.
6. Продаве́ц назва́л его Чебура́шкой, потому́ что он _____.

13. Е́сли. Speculate on what could happen in the second half of this episode by completing the following sentences beginning with е́сли. Remember that in this meaning е́сли should be used with the future tense.

Образе́ц: Е́сли То́бик оста́нется у Ге́ны, …
Е́сли То́бик оста́нется у Ге́ны, у То́бика бу́дут но́вые друзья́.

1. Е́сли придёт но́вый персона́ж, …
2. Е́сли у э́того но́вого персона́жа бу́дет кры́са, …
3. Е́сли к Ге́не придёт лев, …
4. Е́сли Ге́на и Чебура́шка реша́т постро́ить дом, …
5. Е́сли грузови́к привезёт кирпичи́ на стро́йку, …
6. Е́сли жира́ф придёт на стро́йку, …
7. Е́сли Чебура́шка ска́жет речь на стро́йке, …
8. Е́сли у всех бу́дут друзья́, …

14. Письмо́. Write responses to the following.

1. Write a one-paragraph summary of this episode.

2. How do you think this episode will end? Write a one-paragraph ending. Remember to use the future tense; imperfective verbs for repeated actions and processes, and perfective verbs for one-time actions.

3. Write a one-paragraph description of the physical appearance of one character from this episode.

4. We do not see the scene in which Cheburashka is not accepted at the zoo. Create this scene by writing a dialogue between the guard and the zoo director in which the guard explains who Cheburashka is and the director gives reasons for not accepting him.

Слова́рь

апельси́н - *orange* (fruit)
беспоря́док - *mess, chaos*
брако́ванный - *broken, defective*
бу́дка (телефо́нная бу́дка) - *booth*
витри́на - *store window*
внима́ние - *attention*
де́тский сад - *kindergarten*
дружи́ть (с кем) - *to be friends with*
завести́ себе́ друзе́й - *to get, make friends*
зверь (m) - *beast, animal*
знако́миться / познако́миться (с кем) - *to be acquainted*
зоопа́рк - *zoo*
игру́шка - *toy*
ка́сса - *ticket office*
корми́ть / покорми́ть (кого́) - *to feed*
крокоди́л - *crocodile*
кури́ть - *to smoke*
медве́дь (m) - *bear*
медвежо́нок - *baby bear*
молодо́й - *young*

молоко́ - *milk*
мы́льный - *soap* (adj)
нау́ка - *science*
пла́кать (пла́чу, пла́чешь, пла́чут - не плачь!) / запла́кать- *to cry*
привлека́ть - *to attract*
проси́ть / попроси́ть - *to request*
прохо́жий - *passerby*
пузы́рь (m) - *bubble*
расска́зчик - *narrator*
сажа́ть / посади́ть - *to plant, seat, put*
случа́йно - *accidentally*
так сказа́ть - *so to speak*
тру́бка - *pipe*
у́хо (pl. у́ши) - *ear*
хвост - *tail*
часть (f) - *part, section*
чебура́хнуться - *to fall with a thud*
ша́хматы - *chess*
юла́ - *top* (toy)

«Крокодил Гéна», часть вторáя (10:17-20:14)

До просмóтра

Нóвые персонáжи:

1. Э́то Шапокля́к:
1. Онá молодáя и́ли стáрая?
2. Скóлько ей лет?
3. Какóй у неё нос?
4. Какóй у неё рот?
5. Онá мóдная дáма? Почемý вы так дýмаете?
6. Как вы дýмаете, какóй у неё харáктер?

2. Э́то Лари́ска:
1. Онá собáка и́ли кры́са?
2. У неё большúе глазá?
3. У неё корóткий и́ли дли́нный хвост?
4. Как вы дýмаете, с кем лýчше жить: с собáкой, кóшкой, кры́сой, хомякóм, пти́цей и́ли ры́бками? Почемý?

3. Э́то Лев Чандр:
1. У негó дли́нные и́ли корóткие вóлосы?
2. Какóй у негó нос?
3. Он весёлый и́ли грýстный?
4. Он спокóйный и́ли энерги́чный?
5. Как вы дýмаете, у негó мнóго друзéй? Почемý?

4. Культу́ра.

In this episode Shapokliak defaces several signs. Match the sign with the English meaning:

«перехо́д»	(help) wanted
«меня́ю»	crosswalk
«тре́буется»	wall of honor (employee of the month)
«не проходи́те ми́мо!»	don't walk past! (wanted!)
«доска́ почёта»	will trade

Пе́рвый просмо́тр

5. Кто говори́т сле́дующее? Who says the following?

(персона́жи: расска́зчик, Шапокля́к, Лари́ска, Чебура́шка, Ге́на, Га́ля, То́бик, Лев Чандр, Жира́ф)

1. Ты не бои́шься крыс? _____
2. Хорошо́, что вы зелёный и пло́ский. _____
3. И да́же о́чень глу́по! _____
4. Даааа. А у меня́ нет друзе́й. _____
5. А вы зна́ете, ско́лько в на́шем го́роде живёт таки́х одино́ких, как Чандр и То́бик? _____
6. И они́ реши́ли постро́ить до́мик для тех, у кого́ нет друзе́й. _____
7. Скажи́те, здесь стро́ят дом? _____
8. Прошло́ де́сять дней, и до́мик был гото́в. _____
9. Мы стро́или, стро́или, и наконе́ц постро́или! _____
10. Дава́йте отдади́м э́тот дом де́тскому са́дику, а я там бу́ду рабо́тать игру́шкой! _____

Второ́й просмо́тр

6. Ве́рно (+) и́ли неве́рно (-)? True (+) or False (-)?

1. Лари́ска живёт у Шапокля́к в кошельке́. _____
2. Де́ти игра́ют в ша́хматы. _____
3. Чебура́шка бои́тся крыс. _____
4. Де́тям нра́вится иде́я Шапокля́к. _____
5. Чандр и То́бик подружи́лись. _____
6. В го́роде мно́го одино́ких люде́й. _____

7. Кирпичи́ приво́зят на грузовике́. _____

8. Шапокля́к помога́ет стро́ить до́мик. _____

9. До́мик называ́ется «Чебура́шкин До́мик». _____

10. Все подружи́лись, когда́ стро́или до́мик. _____

11. Га́ля хо́чет отда́ть до́мик Чебура́шке. _____

12. Шапокля́к говори́т, что она́ бо́льше так не бу́дет. _____

По́сле просмо́тра

7. **В како́м поря́дке?** Put the following events from this episode in order. There may be events that do not occur in this episode!

_____ Лев Чандр прихо́дит к Ге́не.

_____ «До́мик друзе́й» открыва́ется.

_____ Шапокля́к говори́т, что бо́льше не бу́дет.

_____ Де́ти игра́ют в жму́рки.

_____ Шапокля́к поёт пе́сню.

_____ Ге́на, Га́ля и Чебура́шка реша́ют постро́ить до́мик для тех, у кого́ нет друзе́й.

_____ Шапокля́к покупа́ет «До́мик друзе́й».

_____ Жира́ф не хо́чет дружи́ть с Ге́ной.

_____ Шапокля́к прихо́дит к Ге́не.

8. **Вопро́сы.** Answer the following questions in complete sentences.

1. Во что игра́ют де́ти, когда́ прихо́дит Шапокля́к?

2. Почему́ Ге́на нра́вится Шапокля́к?

3. Почему́ Ге́на, Га́ля и Чебура́шка не хотя́т дружи́ть с Шапокля́к?

4. Почему́ Лев Чандр прихо́дит к Ге́не?

5. Кто бу́дет дружи́ть с ним?

6. Почему́ Ге́на, Га́ля и Чебура́шка реши́ли постро́ить «До́мик друзе́й»?

7. Кто ещё прихо́дит на стро́йку?

8. Ско́лько дней стро́ят дом?

9. Что Шапокля́к даёт Ге́не на откры́тии до́ма?

10. Почему́ «До́мик друзе́й» тепе́рь не ну́жен?

11. Кому́ Чебура́шка хо́чет отда́ть «До́мик друзе́й»?

12. Что обеща́ет Шапокля́к в конце́ эпизо́да?

9. Упражне́ние. Aspect practice. Чебура́шка говори́т: «Мы стро́или, стро́или, и наконе́ц постро́или!» Use aspect to say that you did the following things, did them, and finally finished them.

Образе́ц: чита́ть / прочита́ть э́ту кни́гу
Мы чита́ли э́ту кни́гу, чита́ли э́ту кни́гу, и наконе́ц прочита́ли э́ту кни́гу!

писа́ть / написа́ть э́то сочине́ние   гото́вить / пригото́вить у́жин
е́хать / прие́хать в Москву́   де́лать / сде́лать дома́шнее зада́ние
стро́ить / постро́ить э́тот дом   одева́ться / оде́ться
пить / вы́пить э́ту во́ду   учи́ть / вы́учить стихотворе́ние

10. Упражне́ние. Шапокля́к спра́шивает Чебура́шку: «Ты не бои́шься крыс»? (я бою́сь, ты бои́шься, они́ боя́тся). Боя́ться is followed by the genitive case. Say that the following people are afraid of the following animals.

Образцы́:   мы / соба́ка
Мы бои́мся соба́к.

преподава́тель / волк
Преподава́тель бои́тся волко́в.

она́ / слон   де́душка / тигр
они́ / кры́са   ма́ма / ло́шадь
мы / ко́шка   брат / ба́бочка
ты / мышь   сосе́д / пау́к
я / соба́ка   сосе́дка / медве́дь
вы / жира́ф   друзья́ / змея́
ба́бушка / кенгуру́

10а. Чего́ ты бои́шься? Ask your classmates what they are afraid of and report back to the class.

10б. боя́ться щеко́тки = to be ticklish. Ask your friends if they are ticklish.

11. **Упражне́ние.** Запо́лните про́пуски. Fill in the blanks with an appropriate word from the vocabulary list for this section. Watch for subject / verb and case agreement.

1. Шапокля́к - _____. Она́ ча́сто _____.

2. Шапокля́к объявля́ет Чебура́шке и Ге́не _____.

3. Друзья́ _____ до́мик для _____ люде́й.

4. Фотогра́фия Чебура́шки виси́т на _____.

5. Ко́шка спра́шивает, нужны́ ли _____.

6. Шапокля́к нра́вится Ге́на, потому́ что он _____ и _____.

7. Лари́ска - _____, кото́рая живёт у Шапокля́к в _____.

8. Де́ти игра́ют в _____.

12. **Е́сли бы.** Describe what could have happened in this episode (but didn't) if the following had been true by completing the following sentences with е́сли бы. Remember that е́сли бы sentences use past tense forms.

Образе́ц: Е́сли бы Га́ля не нашла́ То́бика, …
         Е́сли бы Га́ля не нашла́ То́бика, он бы оста́лся на у́лице.

1. Е́сли бы Ге́на не рабо́тал в зоопа́рке, …
2. Е́сли бы Чебура́шку взя́ли в зоопа́рк, …
3. Е́сли бы Чебура́шка не жил в телефо́нной бу́дке, …
4. Е́сли бы Лев Чандр не пришёл к Ге́не, …
5. Е́сли бы Ге́на дружи́л с Шапокля́к, …
6. Е́сли бы Ге́на и Чебура́шка не постро́или «До́мик друзе́й», …
7. Е́сли бы никто́ не помога́л стро́ить «До́мик друзе́й», …
8. Е́сли бы Чебура́шка про́дал «До́мик друзе́й» Шапокля́к, …

13. Письмо́. Write responses to the following.

1. Write a one-paragraph summary of this episode.
2. Write a one-paragraph description of the physical appearance of one of the new characters in this episode.
3. This episode ends with the "House of Friends" completed. Write a scenario that takes place after the end of the episode, in which a new character who needs a friend arrives. Describe this character's physical appearance and then a short dialogue in which the new character introduces himself/herself to those already in the house.

Слова́рь

боя́ться (бою́сь, бои́шься, боя́тся) (чего́) - *to be afraid of*
верёвка - *rope*
война́ - *war*
газо́н - *lawn*
глу́пый - *dumb*
грузови́к - *truck*
доска́ почёта - *wall of honor*
жале́ть / пожале́ть - *to feel sorry for*
жира́ф - *giraffe*
жму́рки - *blind man's bluff*
запи́сывать / записа́ть - *to write down*
здо́рово - *great!*
зелёный - *green*
зря - *in vain, for nothing*
кирпи́ч - *brick*
кли́чка - *nickname*
кошелёк - *purse*
ко́шка - *cat*
кры́са - *rat*
лев - *lion*
лежа́ть - *to lie* (position)
лю́ди - *people*
му́сорный я́щик - *trash can*
нагиба́ться / нагну́ться - *to bend over*
напра́сно - *in vain, for nothing*
объявля́ть / объяви́ть - *to announce*
одино́кий - *lonely*

окно́ - *window*
перехо́д - *crosswalk, crossing*
пло́ский - *flat*
помога́ть / помо́чь (кому́) - *to help*
помо́щник - *helper*
пра́вильно - *correct*
прекра́сно! - *great!*
приду́мывать / приду́мать - *to think of, think up*
прославля́ться / просла́виться (чем) - *to become famous (for something)*
разбо́йник - *robber*
расска́зчик - *narrator*
речь (f) - *speech*
рога́тка - *slingshot*
смея́ться (смею́сь, смеёшься, смею́тся) - *to laugh*
сове́товать / посове́товать (кому́) - *to advise*
стару́ха - *old woman*
стро́йка (на стро́йке) - *construction site*
строи́тельство - *construction*
стро́ить / постро́ить - *to build*
темнота́ - *darkness*
убега́ть / убежа́ть - *to run away*
ура́! - *hooray!*
уценённые това́ры - *reduced-price goods*

«Чебура́шка», часть пе́рвая (20:14-30:50)

(30:50 - «здесь мы ничего́ не бу́дем де́лать»)

До просмо́тра

1. **Культу́ра.** В ва́шей стране́ лю́ди пою́т каку́ю-нибудь осо́бенную пе́сню на день рожде́ния? О чём э́та пе́сня?

Ру́сские обы́чно не пою́т пе́сни в день рожде́ния, и нет ру́сского эквивале́нта америка́нской пе́сни «Happy Birthday to You». Но есть пе́сня «Пусть бегу́т неуклю́же», кото́рую иногда́ пою́т в день рожде́ния. After you have heard Gena's song, come back and answer these questions:

1. Нра́вится ли вам э́та пе́сня?
2. О чём она́?
3. Э́то весёлая пе́сня?
4. Когда́ ваш день рожде́ния?
5. Как ча́сто быва́ет день рожде́ния?

2. **Пионе́ры.** В э́том эпизо́де выступа́ют пионе́ры. Кто таки́е пионе́ры? Э́то де́тская коммунисти́ческая организа́ция, осно́ванная в Москве́ в 1922 году́. В пионе́ры принима́ли дете́й от 10 до 15 лет. Изве́стен их ло́зунг «Всегда́ гото́в!».

1. Во что оде́ты пионе́ры?
2. В ва́шей стране́ есть подо́бные организа́ции? Как они́ называ́ются? Чем они́ занима́ются?

3. Упражне́ние. To know how = уме́ть (я уме́ю, ты уме́ешь, они́ уме́ют) followed by an imperfective infinitive. Ask classmates if they know how to do the following activities and report your findings to the class.

Образе́ц: игра́ть на саксофо́не
            Ты уме́ешь игра́ть на саксофо́не?

говори́ть по-ру́сски	разводи́ть костры́
пла́вать	де́лать скворе́чники
гото́вить	игра́ть на гита́ре
вяза́ть	игра́ть в гольф
танцева́ть	петь
марширова́ть	писа́ть по-кита́йски

3а. Как вы ду́маете... Answer the following questions in complete sentences.

1. Чебура́шка уме́ет танцева́ть?
2. Ге́на уме́ет игра́ть на гармо́шке?
3. Чебура́шка и Ге́на уме́ют марширова́ть?
4. Чебура́шка и Ге́на уме́ют разводи́ть костры́?
5. Чебура́шка и Ге́на уме́ют де́лать скворе́чники?
6. Ге́на уме́ет пла́вать?
7. Чебура́шка уме́ет пла́вать?

4. Вопро́сы для обсужде́ния. Questions for discussion.

1. Когда́ у вас день рожде́ния?
2. Лю́бите ли вы получа́ть пода́рки на день рожде́ния? Каки́е?
3. Уме́ете ли вы марширова́ть? Де́лать скворе́чники? Пла́вать? Разводи́ть костры́?

Пе́рвый просмо́тр

5. Кто де́лает сле́дующее? Who does the following?

(персона́жи: Чебура́шка, Ге́на, пионе́ры, ма́льчик, де́вочка)

1. поёт пе́сню. _____
2. даёт Ге́не пода́рок. _____
3. лета́ет на вертолёте. _____
4. хо́чет стать пионе́ром. _____
5. де́лает скворе́чники. _____
6. не хо́чет принима́ть Ге́ну и Чебура́шку в отря́д. _____
7. не уме́ет де́лать скворе́чники. _____
8. танцу́ет. _____
9. игра́ет на гармо́шке. _____
10. па́дает из окна́. _____
11. па́дает в сто́чную трубу́. _____
12. открыва́ет дверь в «до́мик». _____

Второ́й просмо́тр

6. Ве́рно (+) и́ли неве́рно (-)? True (+) or False (-)?

1. Ге́на игра́ет на фле́йте. _____
2. Ге́на получа́ет мно́го пода́рков на день рожде́ния. _____
3. Ге́на до́лжен расписа́ться, что́бы получи́ть пода́рок. _____
4. На́до сде́лать мно́го хоро́шего, что́бы стать пионе́ром. _____
5. Чебура́шка да́рит Ге́не самолёт на день рожде́ния. _____
6. Чебура́шка уме́ет запуска́ть вертолёт. _____
7. Чебура́шка уши́бся, когда́ упа́л. _____
8. Пробле́ма в том, что крокоди́лов не принима́ют в пионе́ры. _____
9. Чебура́шка уме́ет разводи́ть костры́. _____
10. У Ге́ны скворе́чник получа́ется. _____
11. Ге́не ве́село, когда́ он игра́ет на гармо́шке. _____
12. Де́тям не́чего де́лать. _____
13. Ге́на хо́чет помо́чь де́тям. _____
14. Ге́на ви́дит, что на две́ри до́мика напи́сано «опа́сно». _____

После просмотра

7. В каком порядке? Put the following events from this episode in order. There may be events that do not occur in this episode!

_____ Гена и Чебурашка разводят костёр.

_____ Гена и Чебурашка открывают дверь в «домик».

_____ Чебурашка дарит Гене подарок на день рождения.

_____ Гена видит, что детям негде играть.

_____ Гена курит трубку.

_____ Гена и Чебурашка делают скворечник.

_____ Чебурашка и Гена видят пионеров.

_____ Гена поёт и играет на гармошке.

8. Вопросы. Answer the following questions in complete sentences.

1. У кого сегодня день рождения?
2. Что делает Гена, когда подъезжает грузовик?
3. Кто дарит Гене подарок на день рождения?
4. Почему Гена говорит, что Чебурашка - настоящий друг?
5. Что Гена получает на день рождения?
6. Кто хочет стать пионером?
7. Почему пионеры не берут Чебурашку и Гену к себе в отряд?
8. Кого Гена спасает?
9. Как Гена хочет помочь детям?
10. Что написано на двери «домика»?

9. День рождения. Когда у вас день рождения? Как вы любите отмечать свой день рождения? Ask your classmates when their birthday is and what they like to do on their birthday, and report your findings to the class.

10. **Упражне́ние.** Ге́на спра́шивает «зачём ты <u>туда́</u> поле́з»? Practice the forms of *here* and *there* by filling in the blanks:

Где?	Куда́?	Отку́да?
здесь	сюда́	отсю́да
там	туда́	отту́да

1. _____ ты идёшь? Я иду́ _____ . (there)
2. _____ живёт твой брат? Он живёт _____ . (there)
3. _____ вы? Я из Ме́ксики.
4. _____ моя́ кни́га? Она́ _____ . (here)
5. _____ до Детро́йта сто киломе́тров.

11. **Упражне́ние.** Пра́здники. Чебура́шка говори́т «Ге́на, поздравля́ю тебя́ с днём рожде́ния». Congratulate your friend with the following holidays.

Образе́ц: Восьмо́е ма́рта
             Поздравля́ю тебя́ с Восьмы́м ма́рта!

День благодаре́ния	Но́вый год
День труда́	Два́дцать тре́тье февраля́
Рождество́	День незави́симости
Хэллоуи́н	День ветера́нов
Пе́рвое ма́я	пра́здник

12. **Упражне́ние.** Ге́на спра́шивает ма́льчика: «Тебе́ что, де́лать не́чего?» (what, do you have nothing to do?). Мне де́лать не́чего = I have nothing to do. Note that the form here is not ничего́ but не́чего. Say that the following people have nothing to do.

Образе́ц: Э́тот челове́к
             Э́тому челове́ку де́лать не́чего.

он	его́ ма́ма
она́	я
мой друг	де́ти
моя́ подру́га	наш преподава́тель
Ге́на	Никола́й Петро́вич

12а. Чебура́шка говори́т: «им игра́ть не́где» (they have nowhere to play). Say that the following people have nowhere to do the following things.

Образе́ц: на́ша подру́га
На́шей подру́ге игра́ть не́где.

Ива́н / занима́ться	Чебура́шка / танцева́ть
Никола́й / купа́ться	де́ти / игра́ть
Ма́ша / спать	наш сосе́д / бе́гать
Ни́на / де́лать дома́шнее зада́ние	на́ши сосе́ди / чита́ть
Ге́на / жить	на́ша сосе́дка / петь

13. Упражне́ние. Настоя́щий. Ге́на говори́т: «Чебура́шка, ты настоя́щий друг». Tell your friends they are a real + (noun).

Образе́ц: актёр
Ми́ша, ты - настоя́щий актёр!

писа́тель	подру́га
балери́на	друзья́
поэ́т	спортсме́ны
поэте́сса	музыка́нт
друг	у́мница

14. Упражне́ние. Запо́лните про́пуски. Fill in the blanks with an appropriate word from the vocabulary list for this section. Watch for subject / verb and case agreement.

1. На день рожде́ния Ге́на получа́ет _____.
2. Ге́на и Чебура́шка хотя́т научи́ться _____ и _____.
3. Ге́на ду́мает, что Чебура́шка - _____ друг.
4. Чебура́шка не уме́ет _____ вертолёт.
5. В па́рке мо́жно сиде́ть на _____.
6. Чебура́шка _____ Ге́ну с днём рожде́ния.
7. Ге́на и Чебура́шка хотя́т _____ пионе́рами.
8. Ге́на хо́чет сде́лать скворе́чник, но не _____.

15. Éсли. Speculate on what could happen in the second half of this episode by completing the following sentences beginning with éсли. Remember that in this meaning éсли should be used with the future tense.

Образе́ц: Éсли Ге́на и Чебура́шка ста́нут пионе́рами, …
Éсли Ге́на и Чебура́шка ста́нут пионе́рами, они́ бу́дут ра́ды!

1. Éсли придёт милиционе́р, …
2. Éсли милиционе́р аресту́ет Ге́ну, …
3. Éсли пионе́ры узна́ют, что сего́дня день рожде́ния Ге́ны, …
4. Éсли пионе́ры ска́жут, что боя́тся крокоди́лов, …
5. Éсли Ге́на постро́ит де́тскую площа́дку, …
6. Éсли пионе́ры бу́дут собира́ть металлоло́м, …
7. Éсли Гена уви́дит я́корь, когда́ он бу́дет собира́ть металлоло́м, …

16. Письмо́. Write responses to the following.

1. Write a one-paragraph summary of this episode.
2. How do you think this episode will end? Write a one-paragraph ending. Remember to use the future tense; imperfective verbs for repeated actions and processes, and perfective verbs for one-time actions.
3. Write a one-paragraph description of the personality of one character from this episode.
4. Pretend you are Gena and you want to write a thank-you card to Cheburashka. Thank him for the present he gave you and explain why you consider him such a wonderful friend.

Слова́рь

ба́бочка - *butterfly*

брать / взять - *to take*

вертолёт - *helicopter*

горева́ть (горю́ю, горю́ешь, «не горю́й, Ген») - *to grieve*

дари́ть / подари́ть - *to give* (as a gift)

держа́ть (держу́, де́ржишь, держи́!) - *to hold*

живо́й - *alive, living*

запуска́ть / запусти́ть - *to launch* (a rocket, balloon)

здесь - *here* (location)

костёр (pl. костры́) - *campfire*

лезть / поле́зть (ле́зу, ле́зешь, ле́зут) - *to climb, sneak into*

ма́льчик - *little boy*

марширова́ть - *to march*

молото́к (dim. of мо́лот) - *hammer*

настоя́щий - *real, authentic*

нельзя́ - *impossible / not allowed*

опа́сно - *dangerous*

опя́ть - *again*

отря́д - *unit, group* (military)

па́дать / упа́сть (past упа́л, упа́ла) - *to fall*

пе́сня - *song*

пода́рок - *gift*

пожа́рная ле́стница - *fire escape*

поздравля́ть / поздра́вить (кого́, с чем) - *to congratulate*

получа́ться / получи́ться - *to work out* (well)

поря́док - *order*

принима́ть / приня́ть - *to accept*

разводи́ть / развести́ костёр - *to light a fire*

ра́но - *early*

расписа́ться - *to sign*

скворе́чник - *birdhouse* (for starlings - скворе́ц)

скаме́йка - *bench*

сми́рно! - *attention!*

совсе́м - *completely*

спаса́ть / спасти́ (кого́, от кого́ / чего́) - *to save* (from harm)

ста́вить / поста́вить (что, куда́) - *to put*

станови́ться / стать (кем / чем) - *to become*

сто́чная труба́ - *sewer*

убира́ть / убра́ть - *to clean up, remove*

уголо́к (dim. of у́гол) - *corner*

уме́ть - *to know how* (+ infinitive)

ушиба́ться / ушиби́ться (past уши́бся, уши́блась) - *to hurt oneself*

«Чебура́шка», часть втора́я (30:50-39:51)

До просмо́тра

1. **Культу́ра.** На день рожде́ния де́ти иногда́ пою́т э́ту пе́сню (хорово́д):

   Как на _____-ины имени́ны
        (name of person celebrating name day)

   Испекли́ мы карава́й

   Вот тако́й вышины́! (*де́ти поднима́ют ру́ки как мо́жно вы́ше*)

   Вот тако́й нижины́! (*де́ти опуска́ют ру́ки как мо́жно ни́же*)

   Вот тако́й ширины́! (*де́ти разбега́ются как мо́жно ши́ре*)

   Вот тако́й ужины́! (*де́ти схо́дятся к це́нтру*)

   Карава́й, карава́й,

   Кого́ хо́чешь, выбира́й!

   Я люблю́, призна́ться, всех,

   А _____ бо́льше всех.
       (name of person celebrating name day)

В на́шем фи́льме де́ти пою́т нача́ло
э́той пе́сни:

  Как на Чебура́шкины имени́ны

  Испекли́ мы карава́й:

  Вот тако́й вышины́,

  Вот тако́й нижины́,

  Вот тако́й ширины́...

2. **Зна́мя.** В э́той ча́сти пионе́ры но́сят зна́мя, на кото́ром сле́дующие
   слова́:

   Всё ненý́жное на слом!

   Соберём металлоло́м!

   Что э́то зна́чит? Есть ли англи́йский эквивале́нт э́тому ло́зунгу?

3. Пионе́ры. Мы зна́ем, что Чебура́шка и Ге́на хотя́т стать пионе́рами. What do you think they have to do in order to become Pioneers?

1. Они́ должны́ петь пионе́рские пе́сни. _____
2. Они́ должны́ постро́ить де́тскую площа́дку. _____
3. Они́ должны́ лета́ть на вертолёте. _____
4. Они́ должны́ продава́ть пече́нье. _____
5. Они́ должны́ собира́ть металлоло́м. _____
6. Они́ должны́ ходи́ть в похо́ды. _____

А что на́до сде́лать в ва́шей стране́, что́бы вступи́ть в бойска́уты и́ли герлска́уты?

Пе́рвый просмо́тр

4. Кто говори́т сле́дующее? Who says the following?

(персона́жи: Чебура́шка, Ге́на, милиционе́р, пионе́ры, ма́льчик, де́вочка)

1. Ой, ско́лько дров! _____
2. Мы бу́дем стро́ить де́тскую площа́дку. _____
3. А мо́жет вам помо́чь ну́жно? _____
4. Тепе́рь они́ ни за что не возьму́т нас к себе́. _____
5. Граждани́н крокоди́л? Зна́чит, э́то вы угна́ли компре́ссор? _____
6. Чебура́шка, я зна́ю одно́ ме́сто, там сто́лько металлоло́ма! _____
7. Вот, э́то мы вам принесли́. _____
8. Пе́рвое ме́сто нам обеспе́чено! _____
9. Э́то не гла́вное. Зато́ вы сто́лько хоро́шего сде́лали. _____

Второ́й просмо́тр

5. Ве́рно (+) и́ли неве́рно (-)? True (+) or False (-)?

1. Де́ти пою́т Ге́не пе́сню. _____
2. Ге́на хо́чет постро́ить де́тскую площа́дку. _____
3. Чебура́шка выключа́ет компре́ссор. _____
4. Пионе́ры помога́ют Ге́не стро́ить де́тскую площа́дку. _____
5. Чебура́шка ду́мает, что никогда́ не бу́дет пионе́ром. _____
6. Милиционе́р хо́чет арестова́ть Ге́ну. _____

7. Чебура́шка не уме́ет чита́ть. _____

8. Чебура́шка никогда́ не пла́вал. _____

9. Чебура́шка и Ге́на собира́ют металлоло́м. _____

10. Ге́на нахо́дит я́корь. _____

11. Пионе́ры принима́ют Ге́ну и Чебура́шку к себе́ в отря́д. _____

12. В конце́ эпизо́да пролета́ет ба́бочка. _____

По́сле просмо́тра

6. В како́м поря́дке? Put the following events from this episode in order. There may be events that do not occur in this episode!

_____ Де́тская площа́дка гото́ва.

_____ Ге́на пла́вает.

_____ Пионе́ры говоря́т, что крокоди́лов не принима́ют в пионе́ры.

_____ Милиционе́р спра́шивает о компре́ссоре.

_____ Ге́на и Чебура́шка даю́т пионе́рам мно́го металлоло́ма.

_____ Де́ти пою́т Чебура́шке пе́сню.

_____ Милиционе́р аресто́вывает Ге́ну.

_____ Пионе́ры собира́ют металлоло́м.

_____ Пионе́ры принима́ют Ге́ну и Чебура́шку в отря́д.

_____ Пионе́ры спра́шивают, ну́жно ли помо́чь Ге́не.

7. Вопро́сы. Answer the following questions in complete sentences.

1. Почему́ Ге́на угна́л компре́ссор?

2. Почему́ прихо́дят пионе́ры?

3. Почему́ прихо́дит милиционе́р?

4. Почему́ милиционе́р не арестова́л Ге́ну?

5. Что собира́ют пионе́ры?

6. Где Ге́на нахо́дит металлоло́м?

7. Почему́ капита́н корабля́ выхо́дит на па́лубу?

8. Почему́ пионе́ры крича́т «ура́!»?

9. Почему́ пионе́ры в конце́ концо́в при́няли Ге́ну и Чебура́шку?

10. Ско́лько пионе́ров тепе́рь в отря́де?

8. Пионе́ры. Compare the Pioneers with Boy Scouts and Girl Scouts or other similar groups. What do they have in common? (= Что у них о́бщего?). What differences are there? (= Кака́я ра́зница ме́жду ни́ми?).

9. Упражне́ние. Diminutives. You have noticed that there are many diminutive forms in these episodes. What are the base forms of the diminutives below? Can you see any patterns in the formation of diminutives?

до́мик _____   пти́чка _____

са́дик _____   биле́тик _____

площа́дка _____   све́женький _____

ре́чка _____   хоро́шенький _____

кни́жка _____

Try making diminutive forms of the following words: крова́ть, стол, рот, зонт, нога́, рука́, вку́сный.

10. Упражне́ние. Пионе́ры говоря́т: «А маршировать мы вас нау́чим». To teach someone to do something = научи́ть кого́ (acc.) де́лать что. Say that you will teach the following people to do the following.

Образе́ц: Ми́ша / ката́ться на ро́ликах
          Я научу́ Ми́шу ката́ться на ро́ликах.

Ва́ня / игра́ть на бараба́нах   они́ / гото́вить пельме́ни
Га́ля / пла́вать   пионе́ры / маршировать
Ива́н / вяза́ть   Чебура́шка / разводи́ть костры́
ты / вышива́ть   Ге́на / де́лать скворе́чники

10a. Ask your classmates if they know how to do the activities in the exercise above. If they don't, tell them you will teach them how.

11. Научи́ться (to learn how to do something). Say that the following people learned how to do these things:

Образе́ц: Са́ша / ката́ться на лы́жах
          Са́ша научи́лась ката́ться на лы́жах.

мой друзья́ / игра́ть в гольф   я / петь ру́сские пе́сни
э́та студе́нтка / чита́ть по-ру́сски мы / танцева́ть
моя́ соба́ка / сиде́ть   моя́ тётя / води́ть маши́ну
мой па́па / кури́ть тру́бку   ста́рший брат / гото́вить

12. **Упражне́ние.** Запо́лните про́пуски. Fill in the blanks with an appropriate word from the vocabulary list for this section. Watch for subject / verb and case agreement.

1. Пионе́ры собира́ют _____.

2. Пионе́ры говоря́т «пе́рвое ме́сто нам _____», потому́ что Ге́на прино́сит им _____.

3. Ге́на и Чебура́шка постро́или _____ _____.

4. _____ спра́шивает, кто угна́л компре́ссор.

5. Чебура́шка и Ге́на _____, что их при́няли в пионе́ры.

13. **Е́сли бы.** Describe what could have happened in this episode (but didn't) if the following had been true by completing the following sentences with е́сли бы. Remember that е́сли бы sentences use past tense forms.

Образе́ц: Е́сли бы Чебура́шка не знал, что сего́дня день рожде́ния Ге́ны, …

Е́сли бы Чебура́шка не знал, что сего́дня день рожде́ния Ге́ны, он не дава́л бы ему́ ничего́.

1. Е́сли бы Ге́на не игра́л на гармо́шке, …

2. Е́сли бы Чебура́шка пло́хо танцева́л, …

3. Е́сли бы Ге́на не уме́л пла́вать, …

4. Е́сли бы Ге́на не постро́ил де́тскую площа́дку, …

5. Е́сли бы Ге́на и Чебура́шка ничего́ не нашли́, когда́ собира́ли металлоло́м, …

6. Е́сли бы Чебура́шка и Ге́на уме́ли разводи́ть костры́ и маршировáть, …

7. Е́сли бы Чебура́шку и Ге́ну не при́няли в отря́д, …

14. **Письмо́.** Write responses to the following.

1. Write a one-paragraph summary of this episode.

2. Pretend you are the Pioneer leader at the initiation ceremony for new members. Introduce your two new members, describe what they have done to deserve membership, and explain why they will make excellent Pioneers.

3. Pretend you are the policeman who found Gena with the stolen compressor. File a report in which you explain what Gena was doing with it and why you decided not to press charges.

Слова́рь

беспоко́иться (о чём) - *to worry* (about)

вперёд! - *forward!*

гла́вный - *(most) important*

граждани́н - *citizen*

де́тский - *children's* (adj)

дрова́ (pl) - *firewood*

имени́ны - *name day* (often celebrated instead of birthday)

испо́льзовать - *to use*

кача́ться / покача́ться - *to rock, sway*

компре́ссор - *compressor*

ме́сто - *place*

металлоло́м - *scrap metal*

милиционе́р - *policeman*

молото́к (dim. of мо́лот) - *hammer*

находи́ть / найти́ - *to find*

обеспе́чен (обеспе́чена, обеспе́чены) - *guaranteed*

площа́дка (dim. of площадь) - *square* (де́тская площа́дка = playground)

по́мощь (f) - *help, aid*

приноси́ть / принести́ - *to bring*

рад (ра́да, ра́ды) - *happy*

ребя́та - *guys* (said to a group)

слом - *dismantling, demolition*

сми́рно! - *attention!*

собира́ть / собра́ть - *to collect*

сто́лько - *so much*

угоня́ть / угна́ть - *to chase away, to steal*

упуска́ть / упусти́ть - *to release*

учи́ть / научи́ть (кого́ де́лать что) - *to teach* (someone to do something)

хорово́д - *round dance, usually accompanied by singing*

я́корь (m) - *anchor*

«Шапокля́к», часть пе́рвая (39:51-49:44)

(49:44 «Дава́й динами́т. Бери́.»)

До просмо́тра

1. **Культу́ра.** Моско́вское вре́мя. Моско́вское вре́мя явля́ется станда́ртным для Росси́и. Моско́вское вре́мя та́кже испо́льзуется в расписа́ниях поездо́в на террито́рии всей страны́.

2. **Му́зыка.** В э́том эпизо́де выступа́ют «Тури́сты». Как вы ду́маете, что они́ лю́бят де́лать? Come back after watching the episode and check your guesses.

   Based on the song, check all the activities that the "tourists" like to do.

   1. Е́здить на се́вер зимо́й _____
   2. Собира́ть грибы́ и я́годы _____
   3. Ходи́ть в похо́ды ле́том _____
   4. Лови́ть рыбу́ _____
   5. Гото́вить обе́д _____
   6. Купа́ться _____

3. **Вопро́сы для обсужде́ния.** Questions for discussion.
   1. Вы когда́-нибу́дь е́здили на юг отдыха́ть? Куда́?
   2. Лю́бите ли вы лови́ть рыбу́?
   3. Вы когда́-нибу́дь собира́ли я́годы, грибы́ и́ли цветы́ в лесу́?

Пе́рвый просмо́тр

4. **Кто говори́т сле́дующее?** Who says the following?

   (персона́жи: Чебура́шка, Ге́на, Шапокля́к, проводни́к, «тури́сты»)

   1. Ге́на, биле́тов-то не́ту. Мо́жет ты их проглоти́л? _____
   2. Бы́ли... хм. Бы́ли да сплы́ли. На сле́дующей ста́нции вы́садим! _____
   3. Стой! _____

4. Бу́дете знать, как без меня́ ката́ться. _____

5. Э́то ты здо́рово приду́мал. _____

6. Ох, чемода́нчик. Пригоди́тся. _____

7. И са́мое гла́вное, Чебура́шка, что е́сли идёшь по шпа́лам, то никогда́ не заблу́дишься. Поня́тно? _____

8. Э́то не я́годы. Э́то оре́хи. _____

9. Карау́л! Э́то ва́ша рабо́та? _____

10. Сейча́с я вам устро́ю сла́дкую жизнь. _____

11. Бу́дем ры́бку лови́ть. _____

Второ́й просмо́тр

5. Ве́рно (+) и́ли неве́рно (-)? True (+) or False (-)?

1. Чебура́шка и Ге́на е́дут в Я́лту. _____

2. Шапокля́к берёт их биле́ты. _____

3. Чебура́шка и Ге́на мо́гут е́хать без биле́тов. _____

4. Проводни́к ве́рит, что у них бы́ли биле́ты. _____

5. Ге́на и Чебура́шка далеко́ от Москвы́. _____

6. Ге́на несёт все ве́щи. _____

7. Ге́не легко́ нести́ ве́щи. _____

8. Чебура́шка нахо́дит я́годы. _____

9. Шапокля́к нахо́дит шокола́дный торт. _____

10. Ге́на и Чебура́шка попада́ют в лову́шки. _____

11. Шапокля́к серди́та на «тури́стов». _____

12. Муравьи́ лю́бят есть са́хар. _____

13. Тури́сты бу́дут лови́ть ры́бу динами́том. _____

По́сле просмо́тра

6. В како́м поря́дке? Put the following events from this episode in order. There may be events that do not occur in this episode!

_____ Шапокля́к нахо́дит чемода́н Ге́ны.

_____ Ге́на покупа́ет но́вые биле́ты.

_____ Муравьи́ иду́т в пала́тку «тури́стов».

_____ Чебура́шка и Ге́на садя́тся в по́езд.

_____ Шапокля́к берёт их биле́ты.

_____ Ге́на, Чебура́шка и Шапокля́к попада́ют в лову́шки.

_____ Шапокля́к се́рдится на «тури́стов».

_____ Чебура́шка ви́дит оре́хи в лесу́.

_____ Ге́на и Чебура́шка иду́т домо́й пешко́м.

7. **Вопро́сы.** Answer the following questions in complete sentences.

   1. Куда́ е́дут Ге́на и Чебура́шка?
   2. Почему́ их вы́садили?
   3. До Москвы́ далеко́?
   4. Кто несёт все ве́щи?
   5. Что приду́мал Чебура́шка?
   6. Почему́ Ге́на говори́т, что хорошо́ идти́ по шпа́лам?
   7. Что Чебура́шка ви́дит в лесу́?
   8. Что у Чебура́шки в бе́лой коро́бке?
   9. Когда́ был изгото́влен то́ртик Чебура́шки?
   10. Что лю́бят есть мураvьи́?

8. **Упражне́ние.** Ге́на несёт ве́щи в Москву́. Using the verb нести́ (несу́, несёшь, несу́т) say that these people are carrying the following things to the following places.

   Образе́ц: То́ля / чемода́н / спа́льня
               То́ля несёт чемода́н в спа́льню.

   э́тот студе́нт / кни́ги / библиоте́ка

   моя́ подру́га / ру́сский слова́рь / общежи́тие

   на́ши друзья́ / но́вая кни́га / магази́н

   ма́ма / моя́ оде́жда / дом

   я / э́то письмо́ / по́чта

   ты / твоя́ соба́ка / парк

   мы / вку́сный обе́д / столо́вая

   вы / э́ти ве́щи / куда́?

9. **Упражне́ние.** Тури́сты ло́вят ры́бу динами́том. Say that these people are doing the actions with the following items.

Образе́ц: Ма́ша / писа́ть / каранда́ш
Ма́ша пи́шет карандашо́м.

Йгорь / лете́ть в Москву́ / самолёт	она́ / есть суп / ло́жка
ру́сские / есть сала́т / ви́лка	я / писа́ть сочине́ние / ру́чка
америка́нцы / есть пи́ццу / ру́ки	он / писа́ть / флома́стер

10. **Упражне́ние.** Две́сти киломе́тров до Москвы́. До + genitive case. Say that there are this many kilometers until the city (оди́н киломе́тр, два киломе́тра, пять киломе́тров).

Образе́ц: 200 / Москва́
Две́сти киломе́тров до Москвы́.

190 / Ки́ев	237 / Санкт-Петербу́рг
343 / Вашингто́н	432 / Новосиби́рск
19 / Калу́га	561 / Оде́сса
21 / Чика́го	684 / Владивосто́к

10a. **Ско́лько киломе́тров / миль?** With a partner, take turns asking and answering how many kilometers or miles it is from your city to big cities and other landmarks in your country.

11. **Упражне́ние.** Ге́на говори́т: «Са́мое гла́вное, Чебура́шка, что е́сли идёшь по шпа́лам, то никогда́ не заблу́дишься». По with the dative case can have the sense of "along" for motion in one direction or "around" for multi-directional motion. Create complete sentences using the words below and translate each of your sentences into English.

Образцы́:   он / идти́ / у́лица
Он идёт по у́лице (He is walking along the street).

студе́нтка / гуля́ть / парк
Студе́нтка гуля́ет по па́рку (The student is strolling around the park).

моя́ сестра́ / гуля́ть / парк

я ча́сто / ходи́ть / музе́й

Ге́на и Чебура́шка / идти́ / шпа́лы

тури́сты / гуля́ть / Не́вский проспе́кт

э́тот студе́нт / гуля́ть / Тверска́я у́лица

студе́нты / бе́гать / общежи́тие

12. **Е́сли.** Speculate on what could happen in the second half of this episode by completing the following sentences beginning with е́сли. Remember that in this meaning е́сли should be used with the future tense.

Образе́ц: Е́сли Ге́на уви́дит, что ре́чка гря́зная, ...
          Е́сли Ге́на уви́дит, что ре́чка гря́зная, он узна́ет,
          кто её загрязня́ет.

1. Е́сли Ге́на и Чебура́шка узна́ют, что фа́брика загрязня́ет ре́чку, ...

2. Е́сли Ге́на и Чебура́шка поговоря́т с дире́ктором фа́брики, ...

3. Е́сли Шапокля́к рассе́рдится на «тури́стов», ...

4. Е́сли Ге́на попадёт в сеть «тури́стов», ...

5. Е́сли Чебура́шка полу́чит лягушо́нка в пода́рок, ...

6. Е́сли Шапокля́к уви́дит, что у одного́ «тури́ста» бе́лая коро́бка, ...

7. Е́сли у Ге́ны не бу́дет биле́та домо́й, ...

13. **Письмо́.** Write responses to the following.

1. Write a one-paragraph summary of this episode.

2. How do you think this episode will end? Write a one-paragraph ending. Remember to use the future tense; imperfective verbs for repeated actions and processes, and perfective verbs for one-time actions.

3. Pretend you are the train conductor. Write a report describing the incident with Gena and Cheburashka and explaining why you threw them off the train.

3. Write a dialog between Gena and Cheburashka as they walk along the rails on this hot summer day carrying their luggage and facing the prospect of covering 200 kilometers on foot.

Слова́рь

без (чего́) - *without*

биле́тик (dim. of биле́т) - *ticket*

вря́д ли - expresses doubt, I doubt whether: он вря́д ли придёт = *I doubt he will come*

гнездо́ - *nest*

гла́вный - *(most) important*

до (чего́) - *up to, until*

жизнь (f) - *life*

заблуди́ться - *to get lost*

лову́шка - *trap*

карау́л - *guard*

куса́ть / укуси́ть - *to bite*

мураве́й (pl. ьи́) - *ant*

находи́ть / найти́ - *to find*

несча́стный - *unhappy, wretched*

оре́х - *nut*

пала́тка - *tent*

песо́к - *sand*

попада́ть / попа́сть - *to get to* (a place), *get into* (a situation)

приду́мывать / приду́мать - *to think of, think up*

проглоти́ть - *to swallow*

са́хар - *sugar*

са́харный песо́к - *granulated sugar*

све́женький (dim. of све́жий) - *fresh*

сла́дкий - *sweet*

ста́вить / поста́вить (что, куда́) - *to put*

телеско́п - *telescope*

теря́ть / потеря́ть - *to lose*

то́ртик (dim. of торт) - *cake*

тяжело́ - *difficult* (with dative: мне тяжело́)

устра́ивать / устро́ить - *to arrange, organize*

чемода́нчик (dim. of чемода́н) - *suitcase*

че́стное сло́во! - *honestly!*

шпа́ла - *railroad tie*

я́года - *berry*

«Шапокля́к», часть втора́я (49:44-59:22)

До просмо́тра

1. **Культу́ра.** В конце́ эпизо́да Ге́на поёт
изве́стную пе́сню «Голубо́й ваго́н». After
you have heard Gena's song, come back and
answer these questions:

   1. По-ва́шему, Ге́на хорошо́ поёт?

   2. Нра́вится ли вам э́та пе́сня? Почему́?

   3. О чём э́та пе́сня?

2. **Фа́брика.** В э́том эпизо́де Ге́на и
Чебура́шка иду́т к дире́ктору фа́брики.
Как вы ду́маете, почему́?

   1. Фа́брика произво́дит плохи́е игру́шки. _____

   2. Вода́ в ре́чке гря́зная. _____

   3. Шапокля́к там нашла́ хоро́шую рабо́ту. _____

   4. Фа́брика загрязня́ет приро́ду. _____

3. **Вопро́сы для обсужде́ния.** Questions for discussion.

   1. В ва́шем го́роде есть фа́брика? Что на ней произво́дят?

   2. В ва́шей стране́ есть каки́е-нибудь экологи́ческие пробле́мы?
   Каки́е? Отку́да они́?

   3. В ва́шем го́роде есть река́ и́ли о́зеро? Вода́ там чи́стая? Там мо́жно
   купа́ться?

Пе́рвый просмо́тр

4. **Кто говори́т сле́дующее?** Who says the following?

   (персона́жи: Ге́на, Чебура́шка, ма́льчик, де́вочка, «тури́сты»,
   дире́ктор фа́брики, Шапокля́к).

   1. А сеть на что? Голова́ ты, Пе́тя! _____

   2. А кто её загрязни́л? _____

   3. Приро́ду отравля́ют. _____

   4. Мы насчёт загрязне́ния реки́. _____

5. Всё, всё. Прекратим немедленно. _____

6. Значит, уберёте трубу? _____

7. Можно купаться. _____

8. Речка будет чистая. Ура! _____

9. А крокодил вам не нужен? _____

10. Спасибо. Только давайте его отпустим, пусть прыгает. _____

11. Зачем? Нам речку подарили, чистую. _____

12. Гена, ваши вещички. _____

13. Балда ты, Петя. _____

14. Нет, нет, нет. Вы поедете в купе вместе с Чебурашкой. _____

Второй просмотр

5. Верно (+) или неверно (-)? True (+) or False (-)?

1. В белой коробке есть динамит. _____

2. «Туристы» хотят ловить рыбу сетью. _____

3. Дети грязные, потому что они купались в озере. _____

4. Фабрика загрязняет речку. _____

5. Директор фабрики обещает прекратить загрязнение реки. _____

6. Когда Гена купается, вода в речке чистая. _____

7. Гена забивает трубу своим хвостом. _____

8. Дети дарят Чебурашке подарок. _____

9. Гена не получает свои вещи. _____

10. Один из туристов берёт «тортик». _____

11. Шапокляк обычно едет без билета. _____

12. Гена едет домой на крыше поезда. _____

13. Гена едет домой один. _____

14. Чебурашка поёт песню «Голубой вагон». _____

По́сле просмо́тра

6. В како́м поря́дке? Put the following events from this episode in order. There may be events that do not occur in this episode!

_____ Де́ти да́рят Чебура́шке пода́рок.

_____ Шапокля́к возвраща́ет ве́щи Ге́ны.

_____ Ге́на спра́шивает, почему́ де́ти гря́зные.

_____ Ге́на ви́дит, что вода́ ещё гря́зная.

_____ Шапокля́к купа́ется в гря́зной воде́.

_____ «Тури́сты» реша́ют лови́ть ры́бу се́тью.

_____ Дире́ктор фа́брики говори́т, что бо́льше не бу́дут загрязня́ть приро́ду.

_____ Все е́дут домо́й на по́езде.

_____ Ге́на поёт пе́сню «Голубо́й ваго́н».

_____ Ге́на и Чебура́шка иду́т к дире́ктору фа́брики.

7. Вопро́сы. Answer the following questions in complete sentences.

1. Чем тури́сты хотя́т лови́ть ры́бу?
2. Что оказа́лось в коро́бке?
3. Почему́ де́ти гря́зные?
4. Почему́ Ге́на и Чебура́шка иду́т к дире́ктору фа́брики?
5. Дире́ктор фа́брики бои́тся крокоди́лов?
6. Переста́ли ли загрязня́ть ре́чку?
7. Кто попа́л в сеть «тури́стов»?
8. Что Ге́на и Чебура́шка подари́ли де́тям?
9. Почему́ оди́н «тури́ст» говори́т Чебура́шке, что там пти́чка?
10. Почему́ други́е «тури́сты» говоря́т, что Пе́тя - балда́?
11. Како́й комплиме́нт де́лает Ге́на Шапокля́к?
12. Кто е́дет домо́й на кры́ше по́езда? Почему́?

8. Упражне́ние. Пусть. О лягушо́нке Чебура́шка говори́т «пусть пры́гает». Use пусть to express "let someone do something."

Образе́ц: ма́льчик / игра́ть
Пусть ма́льчик игра́ет (let the boy play).

де́вушка / слу́шать му́зыку	студе́нт / занима́ться
лягушо́нок / пры́гать	па́па / смотре́ть телеви́зор
Чебура́шка / танцева́ть	ма́ма / чита́ть газе́ту
Ге́на / кури́ть тру́бку	Ма́ша / игра́ть в анса́мбле

9. Упражне́ние. Лягушо́нок. Many baby animal forms end in ёнок / о́нок. Match the following baby animals with the adult animal names. Can you give English translations for the baby animals?

слон	котёнок
ло́шадь	телёнок
кот / ко́шка	пингвинёнок
медве́дь	слонёнок
свинья́	медвежо́нок
пингви́н	поросёнок
коро́ва	жеребёнок

So what is a ребёнок?

9a. Упражне́ние. Baby animals and case forms. In the singular, the ё / о́ in the -ёнок / о́нок is fleeting. For example, the accusative of поросёнок is поросёнка, the dative is поросёнку. In the plural the -ёнок / о́нок ending goes to -я́та: порося́та. Build all other plural forms from this ending. The dative plural is порося́там, the accusative plural is порося́т. Use the correct forms of baby animal names in the exercise below.

1. В зоопа́рке мно́го _____.
    (baby elephants)
2. Э́тому _____ шесть ме́сяцев.
    (bear cub)
3. Он говори́т о ру́сских _____.
    (kittens)
4. В зоопа́рке медве́ди живу́т ря́дом с э́тим _____.
    (piglet)

5. В лесу́ живу́т _____.
(bear cubs)

6. В зоопа́рке я ви́дела одного́ _____.
(baby penguin)

7. Мы ду́маем об э́том _____.
(calf)

8. Ма́ма интересу́ется _____.
(foal)

10. **Упражне́ние.** Запо́лните про́пуски. Fill in the blanks with an appropriate word from the vocabulary list for this section. Watch for subject / verb and case agreement.

1. Вода́ в реке́ _____, поэ́тому де́ти то́же
_____.

2. Дире́ктор фа́брики обеща́ет прекрати́ть _____ реки́.

3. Чебура́шка _____ лягушо́нка.

4. Ге́на хо́чет, что́бы Шапокля́к е́хала в купе́, потому́ что она́ всё-таки _____.

5. Тури́сты стара́ются лови́ть _____, но они́ ло́вят Ге́ну!

6. Ге́на е́дет домо́й на _____.

7. Дире́ктор фа́брики обеща́ет _____ трубу́
_____.

8. Тепе́рь ре́чка _____.

11. **Е́сли бы.** Describe what could have happened in this episode (but didn't) if the following had been true by completing the following sentences with е́сли бы. Remember that е́сли бы sentences use past tense forms.

Образе́ц: Е́сли бы Шапколя́к не укра́ла биле́ты Ге́ны и Чебура́шки, …
Е́сли бы Шапколя́к не укра́ла биле́ты Ге́ны и Чебура́шки, они́ бы отдыха́ли на ю́ге.

1. Е́сли бы проводни́к не вы́садил Чебура́шку и Ге́ну, …
2. Е́сли бы «тури́сты» не поста́вили лову́шки, …
3. Е́сли бы Чебура́шка не нашёл я́годы, …
4. Е́сли бы муравьи́ не люби́ли са́хар, …
5. Е́сли бы дире́ктор фа́брики не боя́лся крокоди́лов, …
6. Е́сли бы Шапокля́к не нашла́ чемода́н Ге́ны, …
7. Е́сли бы Ге́на и Чебура́шка не очи́стили ре́чку, …

12. Письмо́. Write responses to the following.

1. Write a one-paragraph summary of this episode.
2. Write a one-paragraph continuation of this episode.
3. Pretend you are one of the "tourists." Write a letter to a friend describing your summer vacation. Tell what you had planned to do, and then what happened. Conclude by telling what you and your friends decided you will do next year.
4. Pretend you are the children from this episode. Write a note to Gena and Cheburashka thanking them for what they have done. Describe how they made the river clean and tell them what you like to do in the river now that it is clean.

Слова́рь

балда́ - *blockhead*

безобра́зие - *ugliness, outrage*

ваго́н - *railroad car*

всё-таки - *nevertheless*

встре́ча - *meeting*

входи́ть / войти́ - *to enter*

гря́зный - *dirty*

да́ма - *lady*

дари́ть / подари́ть - *to give* (as a gift)

динами́т - *dynamite*

голова́ - *head*

голубо́й - *light blue*

жаль - *a shame, a pity*

ждать / подожда́ть - *to wait for*

забива́ть / заби́ть - *to block, clog up*

загрязне́ние - *pollution*

загрязня́ть / загрязни́ть - *to pollute*

зарыва́ть / зары́ть (заро́ю, заро́ешь) - *to bury*

зря - *in vain*

капка́н - *trap, snare*

кати́ться - *to roll* (along)

кры́ша - *roof*

купа́ться - *to swim*

купе́ - *train compartment*

лист - *leaf, sheet of paper*

лови́ть ры́бу - *to fish*

лову́шка - *trap*

лягушо́нок (dim. of лягу́шка) - *frog*

набира́ть - *to gather, collect*

насчёт (чего́) - *about, regarding*

на что (сеть на что?) - *for what?*

небоскло́н - *horizon, lower part of sky*

неме́дленно - *not slowly* (immediately)

обеща́ть (кому́) - *to promise*

обижа́ть / оби́деть - *to insult, offend*

осетри́на - *sturgeon*

отпуска́ть / отпусти́ть - *to release*

отравля́ть / отрави́ть - *to poison*

пода́рок - *gift*

по́езд - *train*

поря́док - *order*

прекраща́ть / прекрати́ть - *to stop, halt*

привести́ (себя́) в поря́док - *to put (oneself) in order, straighten up*

приключе́ние - *adventure*

приро́да - *nature*

производи́ть - *to produce, manufacture*

пры́гать / пры́гнуть - *to jump*

пти́чка (dim. of пти́ца) - *bird*

пусть - *let* (пусть он идёт - *let him go*)

ре́чка (dim. of река́) - *river*

сеть (f) - *net*

ска́терть (f) - *tablecloth*

стла́ться (imp. only; сте́лется) - *to stretch, extend*

труба́ - *pipe*

улета́ть / улете́ть - *to fly away*

упира́ться - *to be planted firmly against*

фа́брика - *factory*

ход - *motion*

чи́стый - *clean*

«Чебура́шка идёт в шко́лу» (59:29-1:09:04)

До просмо́тра

1. **Культу́ра.** Уче́бный год. В Росси́и уче́бный год начина́ется пе́рвого сентября́. Когда́ начина́ется уче́бный год в шко́лах у вас?

2. **Шко́льная фо́рма.** В шко́лах в Росси́и ученики́ ча́сто но́сят фо́рму. А у вас? Но́сят ли фо́рму? По-ва́шему, хорошо́ когда́ ученики́ но́сят фо́рму? Почему́?

3. **Вопро́сы для обсужде́ния.** Questions for discussion.
   1. Носи́ли ли шко́льную фо́рму в ва́шей шко́ле? Кака́я э́то была́ фо́рма?
   2. Что тако́е телегра́мма? Вы когда́-нибу́дь отправля́ли и́ли получа́ли телегра́мму?
   3. Вы ча́сто е́здите на такси́? Куда́?

Пе́рвый просмо́тр

4. Ве́рно (+) и́ли неве́рно (-)? True (+) or False (-)?

1. Ге́на е́дет домо́й на авто́бусе. _____
2. У Ге́ны до́ма лифт не рабо́тает. _____
3. Чебура́шка получи́л телегра́мму. _____
4. Чебура́шка чита́л телегра́мму. _____
5. Чебура́шка не хо́чет учи́ться в шко́ле. _____
6. Чебура́шке нужна́ шко́льная фо́рма. _____
7. Магази́н называ́ется «Молодо́й шко́льник». _____
8. Шапокля́к хо́чет учи́ться в шко́ле. _____
9. Шко́ла закры́та на ремо́нт. _____
10. Рабо́чие хорошо́ рабо́тают. _____
11. Лари́ска бу́дет рабо́тать учи́телем. _____
12. Всё бу́дет хорошо́. _____

Второ́й просмо́тр

5. Кто говори́т сле́дующее? Who says the following?

(персона́жи: Ге́на, Чебура́шка, Шапокля́к, продаве́ц, дире́ктор шко́лы, рабо́чие)

1. Ведь он же до́лжен был меня́ встре́тить. _____
2. Обману́ли дурака́ на четы́ре кулака́! _____
3. Я не знал, что ты прие́дешь. _____
4. А ты поменя́й места́ми. _____
5. Ну, тебе́ повезло́... за́втра пе́рвое сентября́! _____
6. Начина́ю но́вую жизнь! _____
7. Ну почему́ почему́? Съедя́т. _____
8. В э́том магази́не мы ку́пим всё. _____
9. А тако́го разме́ра не шьют. _____
10. Ра́зве я похо́жа на ма́льчика? _____
11. Грубия́н! Темнота́! Дава́й фо́рму! _____
12. Могу́ я поговори́ть с дире́ктором шко́лы? _____
13. Ничему́ мы научи́ть его́ не мо́жем. _____
14. Де́ти учи́ться должны́. _____

15. Сейча́с они́ у меня́ попры́гают. _____

16. Есть! _____

17. Я бу́ду учи́телем по живо́й приро́де. _____

По́сле просмо́тра

6. В како́м поря́дке? Put the following events from this episode in order. There may be events that do not occur in this episode!

_____ Рабо́чие игра́ют в домино́.

_____ Ге́на и Чебура́шка иду́т покупа́ть шко́льную фо́рму.

_____ Шапокля́к тре́бует, чтобы неме́дленно зако́нчили ремо́нт.

_____ Ге́на ду́мает, что лифт закры́т на ремо́нт.

_____ Шапокля́к крадёт мотоци́кл, пото́м маши́ну.

_____ Чебура́шка ждёт Ге́ну в аэропорту́.

_____ Ге́на е́дет домо́й на такси́.

_____ Продаве́ц говори́т, что Шапокля́к похо́жа на ба́бушку.

_____ Шко́ла сего́дня откры́та.

_____ Ге́на и Шапокля́к говоря́т, что бу́дут рабо́тать учителя́ми в шко́ле.

_____ Шапокля́к то́же хо́чет купи́ть шко́льную фо́рму.

_____ Ге́на понима́ет, что Чебура́шка не уме́ет чита́ть.

_____ Шко́ла закры́та на ремо́нт.

7. Вопро́сы. Answer the following questions in complete sentences.

1. Где Чебура́шка до́лжен был встре́тить Ге́ну?

2. На чём Ге́на е́дет домо́й?

3. Почему́ Ге́на говори́т «ничего́ не понима́ю»?

4. Где Чебура́шка ждёт Ге́ну?

5. Почему́ Чебура́шка не встре́тил Ге́ну в аэропорту́?

6. Чебура́шка уме́ет чита́ть?

7. Како́е сего́дня число́?

8. Что Ге́на забы́л купи́ть?

9. Что Шапокля́к хо́чет купи́ть? Почему́?

10. Почему́ шко́ла закры́та?

11. Что де́лают рабо́чие?

12. Почему́ Шапокля́к серди́та на них?

13. Кто бу́дет рабо́тать учи́телем в шко́ле?

8. Упражне́ние. Ге́на говори́т Чебура́шке: «Тебе́ повезло́ - за́втра пе́рвое сентября́». Use повезло́ with the dative case to express that someone is lucky one time. Say that the following people are lucky, and then add a reason why.

Образе́ц: мой друг
Моему́ дру́гу повезло́ - сего́дня хоро́шая пого́да!

моя́ сестра́	Чебура́шка
наш преподава́тель	э́тот студе́нт
ва́ши роди́тели	мой де́душка
твой сосе́д	мы
Ге́на	я

9. Упражне́ние. В магази́не Ге́на говори́т «Это ему́ нужна́ фо́рма». To say that someone needs something, use a form of ну́жен (нужна́, ну́жно, нужны́) with the dative case.

Образцы́: Ге́на / но́вые друзья́
Ге́не нужны́ но́вые друзья́.

э́тот учени́к / интере́сная кни́га
Э́тому ученику́ нужна́ интере́сная кни́га.

мой оте́ц / но́вая маши́на

эти студе́нты / высо́кое общежи́тие

на́ша подру́га / уче́бник по ру́сскому языку́

Анна Петро́вна / компью́тер

Васи́лий Ива́нович / де́ньги

Чебура́шка / шко́льная фо́рма

То́бик / молоко́

Га́ля / но́вый друг

10. Завтра - пе́рвое сентября́! Pretend tomorrow is the start of the school year. With a partner discuss whether you need the listed items and why.

Образе́ц: ру́чки

Да, нам нужны́ ру́чки, потому́ что мы бу́дем мно́го писа́ть.

телеви́зор	маши́на
лапто́п	карандаши́
тетра́ди	руба́шки
уче́бники	свитера́
полоте́нце	при́нтер

11. Е́сли бы. Describe what could have happened in this episode (but didn't) if the following had been true by completing the following sentences with е́сли бы. Remember that е́сли бы sentences use past tense forms.

Образе́ц: Е́сли бы Чебура́шка уме́л чита́ть, …

Е́сли бы Чебура́шка уме́л чита́ть, он бы прочита́л телегра́мму и встре́тил Ге́ну в аэропорту́.

1. Е́сли бы у Ге́ны не́ было де́нег на такси́, …
2. Е́сли бы лифт в до́ме Ге́ны рабо́тал, …
3. Е́сли бы за́втра было не́ пе́рвое сентября́, …
4. Е́сли бы Шапокля́к не хоте́ла учи́ться в шко́ле, …
5. Е́сли бы Чебура́шка не хоте́л учи́ться в шко́ле, …
6. Е́сли бы шко́ла была́ откры́та, …
7. Е́сли бы Чебура́шка уме́л игра́ть в домино́, …
8. Е́сли бы рабо́чие хорошо́ рабо́тали, …

12. Письмо́. Write responses to the following.

1. Write a one-paragraph summary of this episode.
2. Write a one-paragraph continuation of this episode.
3. Pretend you are the principal of the school in this episode. Write a letter to parents explaining why the school has been closed and when it will open. Describe the new teachers and what they will be teaching. Describe the new student who is enrolling in the school.
4. Write a letter to a Russian pen pal describing the first day of school in your city. When is it? What do the students need? What do teachers and students do?

Слова́рь

аэропо́рт (в аэропорту́) - *airport*

бага́ж - *baggage*

безобра́зник - *hooligan, naughty child*

брать (беру́, берёшь, беру́т) / взять (возьму́, возьмёшь, возьму́т) - *to take*

воро́на - *crow*

вперёд - *forward* (directional)

встреча́ть / встре́тить (кого́) - *to meet*

головоло́мка - *puzzle*

гру́бый - *rude*

де́вочка - *little girl*

до́лжен (должна́, должны́ + infinitive) - *must, have to*

домино́ - *dominoes*

есть! - *yes sir!* (military)

ждать (жду, ждёшь, ждут) / подожда́ть (кого́) - *to wait* (for)

живо́й - *live*

забыва́ть / забы́ть (забу́ду, забу́дешь, забу́дут) - *to forget*

заве́довать (чем) - *to head, be in charge of*

зака́нчивать / зако́нчить - *to finish*

замести́тель - *substitute, deputy*

красть (краду́, крадёшь, краду́т) / укра́сть - *to steal*

лентя́й - *lazy person*

ле́стница - *stairs, ladder*

лифт - *elevator*

ма́льчик - *little boy*

ме́сто - *place, piece of luggage*

молоде́ц! - *good job!*

мотоци́кл - *motorcycle*

нача́ло - *start*

носи́льщик - *porter*

обма́нывать / обману́ть (кого́) - *to cheat, deceive, trick*

поговори́ть - to have a chat

покупа́ть / купи́ть - *to buy*

получа́ть / получи́ть - *to receive*

меня́ть / поменя́ть - *to change, exchange*

понима́ть / поня́ть - *to understand*

пода́рок - *a present, gift*

поря́док - *order*

приезжа́ть / прие́хать - *to arrive*

присма́тривать / присмотре́ть (за кем) - *to look after, keep an eye on*

про (кого́ / что) - *about*

пры́гать / попры́гать - *to jump*

пра́вильно! - *correct*

приро́да - *nature*

разме́р - *size*

ремо́нт - *repairs*

рога́тка - *slingshot*

самолёт - *airplane*

сро́чный - *urgent, prompt*

такси́ст - *taxi driver*

телегра́мма - *telegram*

уме́ть (+ infinitive) - *to know how to*

уче́бный - *academic* (adj)

учить / научи́ть (кого́ чему́) - *to teach* (someone something)

чемода́н - *suitcase*

черепа́ха - *turtle*

проче́сть (прочту́, прочтёшь, прочту́т) = прочита́ть - *to read* (perfectives of чита́ть)

шко́льный - *school* (adj)

фо́рма - *uniform*

ю́ный - *young*

Further Topics for Class Discussion, Oral Reports and Essays

 1. Play "twenty questions" with the characters from "Cheburashka." Think of a character and then have classmates ask yes / no questions about your character. First to guess your character wins!

1a. Play "twenty questions" with characters from your favorite cartoons. Think of a character and then have classmates ask yes / no questions about your character. First to guess your character wins!

 2. Imagine that Cheburashka met Elmo from Sesame Street (or another similar character). What would they do? What would they talk about? Write a screenplay for the opening scene of this cartoon.

 3. With classmates, watch your favorite scene from any episode of "Cheburashka" and provide your own dialog. Perform it in class with the volume off.

 4. Choose your favorite episode of "Cheburashka" and write an alternative ending.

 5. Write a new episode of the adventures of Cheburashka and his friends. Which characters will appear in it? What will they do? After you have written your episode, act it out in class.

 6. What is your favorite English-language cartoon? Compare it with "Cheburashka." What do they have in common? How are they different?

 7. Which character in "Cheburashka" is your favorite? What does he / she look like? What does he / she do in the films? What role does he / she play? Why is this your favorite character?

 8. "Cheburashka" was made in the Soviet Union in the 1970s. Do you detect in it any Soviet or anti-Soviet propaganda? Or is it simply a cartoon for children to enjoy?

 9. In his review of the episodes «Чебурашка» and «Крокодил Гена», Sergei Asenin writes that in these films there is «глубокая гуманистическая идея», along with «принципы дружбы, коллективизма, стремление к взаимопониманию». Do you agree with him? Where do you see examples that support or work against his thesis? His review is «Чебурашка», found in the journal *Советский фильм* 1 (1977), pg. 188.

10. Look at Eduard Uspensky's book «Крокодил Гена и его друзья». Select one chapter and read it. What information about the characters does it have that is not found in the cartoon? What other differences do you see between the book and the film?

11. What is the source of the word «Чебурашка»? Start your research with the article «Вот откуда уши растут» в «Российской газете - Приволжье» #4170 (14 сент. 2006):http://www.rg.ru/2006/09/14/cheburashka.html.

12. Search the internet for jokes about Cheburashka and Gena. What kind did you find? Why do you think there are so many?

13. Cheburashka is popular even today. His birthday is celebrated: http://www.chebuday.ru/, and he was the mascot of the Russian Olympic team in 2006: http://www.olymp2006.ru/russia/around/20060226/50170676.html. Can you find any other examples of his popularity? Is he popular anywhere other than Russia?

«Ви́нни-Пух»

The story of Winnie-the-Pooh and his friends became popular in the Soviet Union after a well-known childrens' writer and poet, Boris Zahoder, translated A.A. Milne's book into Russian. Zahoder's translation was first published in the Soviet Union in 1960 and immediately became a hit. A few years later, a team of Soviet animators under the leadership of director Feodor Khitruk created three episodes of the adventures of Winnie-the-Pooh and his friends: "Winnie-the-Pooh" (1969), "Winnie-the-Pooh Goes Visiting" (1971), and "Winnie-the-Pooh and the Day of Cares" (1974). Winnie and his friends remain among the most beloved characters in all Soviet and Russian animation. All three episodes are full of expressions that have become part of the everyday lexicon of Russians, both children and adults.

All three episodes have been released on video and are available from www.russiandvd.com. The episodes are also available on www.youtube.com.

These materials can be used with late first-year, second-year and third-year students (Novice and Intermediate levels), although some activities at the Advanced level have also been included. Some dialogue in this cartoon may be challenging for comprehension mostly because of the pitch and rate of the characters' speech. Instructors should be aware that additional viewing may be required and should plan accordingly. The exercises aim to reinforce vocabulary needed for comprehension of each episode and to allow students the opportunity to review various grammar and thematic topics and to work creatively with the language.

The first two episodes are approximately 10 minutes long. The third episode has been divided into two 10-minute sections, with times indicated with each section's title. The exercises are designed for two viewings of each section, but they are flexible and instructors may adjust as necessary. There are warm-up exercises that can be covered before viewing («До просмо́тра»), followed by those to be completed after the first viewing («Пе́рвый просмо́тр») and second viewing («Второ́й просмо́тр»). The activities for after the second viewing («По́сле просмо́тра») include comprehension questions and grammar exercises. After the last episode there are general questions and assignments that can be used for class discussion or essay topics.

Эпизо́д 1: «Ви́нни-Пух» (0:00-10:42)

До просмо́тра

1. Геро́и э́того мультфи́льма вам хорошо́ знако́мы по кни́гам А. А. Ми́лна и мультфи́льмам, сня́тым на сту́дии Дисне́я.

   (а) Кто тако́й Ви́нни-Пух?

   - Где он живёт? (в го́роде, в дере́вне, в лесу́, в кварти́ре, в до́ме, …)
   - Что Ви́нни-Пух лю́бит есть? (конфе́ты, моро́женое, мёд, …)
   - Он сладкое́жка?
   - Что Ви́нни-Пух лю́бит де́лать? (чита́ть, петь, гуля́ть, …)
   - Како́й у него́ хара́ктер? Он весёлый и́ли гру́стный? До́брый и́ли злой? Он у́мный? Воспи́танный? Почему́ вы так ду́маете?
   - У Ви́нни-Пу́ха есть друзья́? Кто они́? Как их зову́т? Что вы зна́ете о них?

   (б) Кто тако́й Пятачо́к?

   - Где он живёт?
   - У Пятачка́ есть хо́бби? Что он лю́бит де́лать? (петь, танцева́ть, пры́гать, …)
   - Како́й он по хара́ктеру? Он сме́лый и́ли трусли́вый? Он ве́жливый и́ли неве́жливый? Он скро́мный? Общи́тельный?
   - С кем Пятачо́к дру́жит?

2. Кто из э́тих геро́ев (Ви́нни-Пух и́ли Пятачо́к) вам бо́льше нра́вится? Почему́?

3. А тепе́рь дава́йте познако́мимся с на́шими геро́ями:

Это Ви́нни-Пух.   **А э́то Пятачо́к.**

(а) Чем э́ти геро́и похо́жи на дисне́евских Ви́нни-Пу́ха и Пятачка́?

(б) Чем они́ отлича́ются от дисне́евских Ви́нни-Пу́ха и Пятачка́?

4. Ви́нни-Пух о́чень лю́бит сочиня́ть стихи́ и пе́сни. Пе́сни Ви́нни-Пу́ха называ́ются по-ра́зному. Match the name of each type of song that Winnie-the-Pooh creates with the verb it comes from and its English translation.

сопе́лка	пыхте́ть *to puff*	puffing song
пыхте́лка	крича́ть *to shout*	shouting song
крича́лка	вопи́ть *to yell*	yelling song
вопи́лка	сопе́ть *to breathe heavily*	breathing heavily song
ворча́лка	шуме́ть *to make noise*	making noise song
шуме́лка	ворча́ть *to grumble*	grumbling song

5. Как вы ду́маете, о чём пи́шет пе́сни Ви́нни-Пух? Когда́ (в каки́х ситуа́циях) он поёт ворча́лки? Како́е у Ви́нни-Пу́ха настрое́ние, когда́ он поёт крича́лки? А когда́ он поёт пыхте́лки?

6. Послу́шайте пе́сню Ви́нни-Пу́ха, в кото́рой он поёт о себе́. Listen to the song and answer the questions below in complete sentences.

(а) Ви́нни-Пух ду́мает, что он хоро́ший и́ли плохо́й поэт? Почему́?

(б) Почему́ Ви́нни-Пух поёт?

7. Вам нра́вится, как Ви́нни-Пух поёт? Как вы ду́маете, Ви́нни-Пух хоро́ший поэ́т? Почему́?

8. Вопро́сы для обсужде́ния. Questions for discussion.

1. Вы сочиня́ете стихи́ и́ли пе́сни? О чём ва́ши стихи́ (пе́сни)?

2. Вы лю́бите петь? Каки́е пе́сни вы обы́чно поёте?

3. Вы поёте пе́сни вслух и́ли про себя́? Когда́ и где вы обы́чно поёте?

Пе́рвый просмо́тр

9. Кто говори́т сле́дующее? Who says the following?

(персона́жи: Ви́нни-Пух, Пятачо́к)

1. Зна́чит, кто-то тут жужжи́т! _____
2. Ма́ма! _____
3. Кто же э́то хо́дит за мёдом с возду́шными ша́риками? _____
4. Како́й тебе́ бо́льше нра́вится? _____
5. Я притворю́сь, бу́дто я ма́ленькая ту́чка. _____
6. Да, у тебя́ есть зо́нтик? _____
7. Надува́й ша́рик! _____
8. По-мо́ему, пчёлы что-то подозрева́ют. _____
9. Открыва́й зо́нтик и ходи́ взад-вперёд! _____
10. Ка́жется, дождь собира́ется… _____
11. Ока́зывается, э́то непра́вильные пчёлы! _____
12. Неси́ его́ скоре́й! _____
13. Стреля́й! _____
14. Прости́, пожа́луйста! _____

Второ́й просмо́тр

10. Вопро́сы. Answer the following questions in complete sentences.
1. Что услы́шал Ви́нни-Пух о́коло высо́кого де́рева?
2. Заче́м Ви́нни-Пух поле́з на де́рево?
3. Что Ви́нни-Пух попроси́л у Пятачка́? Заче́м?
4. Что де́лал Пятачо́к, что́бы помо́чь дру́гу?
5. План Ви́нни-Пу́ха срабо́тал? Почему́?

По́сле просмо́тра

11. Вопро́сы. Answer the following questions in complete sentences. If necessary, refer to the Appendix for specific expressions describing characters' emotions.
1. Что чу́вствует Ви́нни-Пух в конце́ э́того эпизо́да? Он обра́довался и́ли расстро́ился? Почему́ вы так ду́маете?
2. Что ещё мог бы сде́лать Ви́нни-Пух, что́бы его́ план добы́ть мёд срабо́тал? Почему́?

3. Как вы ду́маете, Пятачо́к - хоро́ший друг? Почему́? А Ви́нни-Пух
    - хоро́ший друг? Почему́ вы так ду́маете?

12. Упражне́ние. Ви́нни-Пух отпра́вился в лес, что́бы немно́го
подкрепи́ться. Using the same construction with что́бы + infinitive, say why
(for what purpose) we usually go to places and people listed below.

Образе́ц: апте́ка
           Я хожу́ в апте́ку, что́бы купи́ть лека́рства.

библиоте́ка	парк
пляж	кафе́
конце́рт	го́сти
профе́ссор	друзья́
магази́н	стадио́н
день рожде́ния дру́га	ба́бушка

13. Упражне́ние. В лесу́ Ви́нни-Пух ви́дит
на́дпись «Высо́кий-превысо́кий дуб»
(высо́кий-превысо́кий = о́чень высо́кий).
This construction with the prefix пре- is often
used in fairytales and means 'very'. Describe the
objects listed below using the same construction.

Образе́ц: доро́га / дли́нный
           дли́нная-предли́нная доро́га

река́ / широ́кий	мо́ре / глубо́кий
луг / зелёный	лес / густо́й
дом / ста́рый	ночь / тёмный

14. Упражне́ние. Ви́нни-Пух говори́т, что пчёлы существу́ют для того́,
что́бы де́лать мёд. Say what the following objects and people are needed
or used for, using ну́жен (нужна́, ну́жно, нужны́) для того́, что́бы +
infinitive, as shown in the example below.

Образе́ц: телефо́н / говори́ть с друзья́ми
           Телефо́н ну́жен для того́, что́бы говори́ть с друзья́ми.

ло́жка / есть суп	очки́ / …
телеви́зор / узнава́ть но́вости	компью́тер / …
друзья́ / помога́ть друг дру́гу	роди́тели / …
стул / сиде́ть	кни́ги / …
ва́за / ста́вить цветы́	холоди́льник / …

15. Упражне́ние. Ви́нни-Пух говори́т, что е́сли бы медве́ди бы́ли пчёлами, они́ бы не стро́или дом так высоко́. Using the same hypothetical construction, say what you would or wouldn't do, hypothetically, if you were a certain animal.

Образе́ц: ко́шка / мя́укать
         Е́сли бы я был ко́шкой, я бы мя́укал.

ко́шка	лета́ть
соба́ка	боя́ться всего́
медве́дь	ла́зить по дере́вьям
пти́ца	не люби́ть ко́шек
кро́лик	хрю́кать
поросёнок	мя́укать
…	…

16. Упражне́ние. Speculate on how different your life could have been under the different conditions listed below, using the hypothetical construction е́сли бы + past tense. Explain why you think something could or couldn't have happened.

Образе́ц: не учи́ть ру́сский язы́к
         Е́сли бы я не учи́л ру́сский язык, я бы учи́л францу́зский
         язык, потому́ что мне всегда́ нра́вился францу́зский язы́к.

не учи́ть ру́сский язы́к

роди́ться в друго́й стране́

учи́ться в друго́м университе́те

вы́брать другу́ю специа́льность

не води́ть маши́ну

…

17. Упражне́ние. Ви́нни-Пух говори́т, что е́сли шар бу́дет си́ний, пчёлы поду́мают, что э́то кусо́чек не́ба. Say what you will do in the future under the different conditions listed below, using е́сли + future tense.

Образе́ц: есть хоро́шая пого́да / пойти́ в парк
         Е́сли бу́дет хоро́шая пого́да, я пойду́ в парк.

зако́нчить курсову́ю / посмотре́ть фильм

есть вре́мя / позвони́ть роди́телям

сде́лать дома́шнее зада́ние / пойти́ в кино́

пригото́вить у́жин / пригласи́ть друзе́й в го́сти

…

18. Упражне́ние. Working in groups, find out what your classmates are planning to do tomorrow under the different conditions listed below, using е́сли + future tense.

Образе́ц: бу́дет вре́мя

Что ты бу́дешь де́лать за́втра, е́сли у тебя́ бу́дет вре́мя?
– Е́сли у меня́ бу́дет вре́мя, я пойду́ в кино́.

бу́дет вре́мя	бу́дет боле́ть голова́
бу́дет плоха́я пого́да	бу́дет ску́чно
бу́дет хоро́шая пого́да	бу́дет экза́мен

...

19. Упражне́ние. Ви́нни-Пух спра́шивает Пятачка́, нет ли у него́ случа́йно (*by chance*) возду́шного ша́ра. Using the same construction with случа́йно нет + genitive case, ask your friend(s) whether they happen to have the objects listed below. Explain why you need each object you ask about. Find out who in your group has the most number of items on the list.

Образе́ц: запасна́я ру́чка

У тебя́ (вас) нет случа́йно запасно́й ру́чки? Я
забы́л(а) ру́чку до́ма.

ру́сско-англи́йский слова́рь	аспири́н
моби́льный телефо́н	часы́
ме́лочь	уче́бник
каранда́ш	де́ньги
бума́га	зо́нтик

...

20. Упражне́ние. Ви́нни-Пух говори́т, что о́чень ва́жно во́время (*on time, at the right time*) подкрепи́ться. Working in groups, share how often (всегда́, ча́сто, ре́дко, вре́мя от вре́мени, никогда́) you do or don't do the activities listed below on time. Based on the information you hear, decide who in your group seems to be the most responsible person.

Образе́ц: встава́ть у́тром
            Я никогда́ не встаю́ во́время у́тром.

приходи́ть на заня́тия   сдава́ть экза́мены

де́лать дома́шнее зада́ние   приходи́ть в кино́

сдава́ть курсовы́е рабо́ты   возвраща́ть кни́ги в библиоте́ку

поздравля́ть друзе́й с днём рожде́ния

…

21. Упражне́ние. Ви́нни-Пух ду́мает, что он похо́ж на ма́ленькую ту́чку. Но Пятачо́к говори́т, что Ви́нни-Пух похо́ж на медве́дя, кото́рый лети́т на возду́шном ша́ре. Using похо́ж на + accusative case, ask your classmates if they look like the following relatives.

Образе́ц: мать
            Ты похо́ж(а) на мать?

ма́ма   ба́бушка

оте́ц   де́душка

ста́ршая сестра́   тётя

ста́рший брат   дя́дя

…

22. Упражне́ние. Запо́лните про́пуски. Fill in the blanks in the sentences below with an appropriate word from the vocabulary list for this section. Watch for subject / verb and case agreement.

1. Ви́нни-Пух - э́то _____, кото́рый живёт в лесу́.

2. Ви́нни-Пух - поэ́т, и в свобо́дное вре́мя он сочиня́ет

   _____.

3. Ви́нни-Пух ду́мает, что са́мое ва́жное - э́то во́время

   _____.

4. О́коло высо́кого ду́ба Ви́нни-Пух услы́шал жужжа́ние

   _____.

5. Что́бы добы́ть мёд, Ви́нни-Пух реши́л _____

ма́ленькой чёрной ту́чкой. Он наде́ялся, что пчёлы его́
не _____.

6. Пятачо́к вы́стрелил в возду́шный шар из _____,
чтобы Ви́нни-Пух мог _____ вниз на зе́млю.

23. Watch the episode (or part of the episode) with the sound off and provide your own dialogue for the characters.

24. Письмо́. Write responses to the following.

1. Write a one-paragraph comparison of the two characters in this episode (Winnie and Piglet) in terms of their appearance and personality. You can refer to character description vocabulary provided in the Appendix.

2. Retell this episode from the point of view of Winnie-the-Pooh, Piglet or one of the bees in as much detail as possible.

3. Speculate on how this episode could have ended differently using the hypothetical construction е́сли бы + past tense. Explain why you think something could or couldn't have happened.

Слова́рь

не беда́! - *not a big deal!*

боя́ться (чего́) - *to be afraid (of)*

бу́дто - *as if (as though)*

весёлый - *cheerful, merry*

взад-вперёд - *back and forth*

вниз - *down*

во́время - *on time*

возвраща́ть / возврати́ть (что кому́/ куда́) - *to return*

возду́шный шар (*dim.* ша́рик) - *balloon*

вопи́ть - *to yell*

ворча́ть - *to grumble*

вре́мя от вре́мени - *from time to time*

вслух - *out loud*

гру́стный - *sad*

густо́й - *thick, dense*

давны́м-давно́ - *long long ago*

де́рево (pl. дере́вья) - *tree*

дли́нный - *long*

до́брый - *kind*

добыва́ть / добы́ть - *to get*

дога́дываться / догада́ться - *to guess*

до́ждь (m) - *rain*

друг дру́гу - *each other*

дружи́ть (с кем) - *to be friends*

дуб - *oak*

жужжа́ть (жужжу́, жужжи́шь, жужжа́т) - *to buzz*

за́втра - *tomorrow*

замеча́ть / заме́тить - *to notice*

запасно́й - *extra, spare*

заты́лок - *back of the head*

заче́м - *why, for what?*

злой - *mean, evil*

зо́нтик - *umbrella*

и́мя (n. pl. - имена́) - *name*

испо́ртиться (испо́рчусь, испо́ртишься, испо́ртятся) - *to go bad, to break*

крича́ть - *to shout*

кро́лик - *rabbit*

кусóк (*dim.* кусóчек) - *piece*
легкомы́сленный - *light-minded*
лезть / полéзть (кудá) - *to climb*
лес - *forest*
летáть - *to fly*
лист (*dim.* лúстик) - *leaf*
луг - *meadow*
мéлочь (f) - *change*
медвéдь (m, *dim.* медвежóнок) -
    bear
мёд - *honey*
морóженое - *ice cream*
навернякá - *for sure*
надéяться (на когó/что) - *to hope*
нáдпись (f) - *sign*
надувáть / надýть - *to blow*
наканýне - *the day before*
настроéние - *mood*
не прóчь - *not opposed to*
нéбо - *sky*
неспростá - *not without purpose*
общи́тельный - *sociable*
окáзывается - *as it turns out*
опи́лки - *sawdust*
отправля́ться / отпрáвиться (кудá)-
    to go
оттогó - *that's why*
пéсня (*dim.* пéсенка) - *song*
петь (пою́, поёшь, пою́т) - *to sing*
погóда - *weather*
подкрепи́ться (чем) - *to have a
    snack*
подозревáть (когó в чём) - *to suspect*
попадáть / попáсть - *to hit the target*
поросёнок - *piglet*
постор́онний - *stranger, outsider*
похóж (на когó) - *looks like*
приблизи́тельно - *approximately*
притворя́ться / притвори́ться
    (кем/чем) - *to pretend*
про себя́ - *to oneself*

проси́ть / попроси́ть (когó о чём) -
    to ask (to do something)
пти́ца - *bird*
пчелá (pl. пчёлы) - *bee*
пыхтéть - *to puff*
рáдоваться / обрáдоваться (комý/
    чемý) - *to be (become) happy*
расстрáиваться / расстрóиться (из-
    за чего) - *to be upset*
решáть / реши́ть - *to decide*
ружьё - *gun*
сбивáть / сбить - *to shoot down*
свет (на свéте) - *world*
сдавáть / сдать (что комý) - *to turn
    in*
серьёзный - *serious*
скрóмный - *modest*
сладкоéжка - *has a sweet tooth*
случáйно - *by chance*
слы́шать / услы́шать - *to hear*
смéлый - *bold*
собирáться - *to gather, to begin*
сопéть - *to breathe heavily*
сочиня́ть / сочини́ть - *to compose*
спускáться / спусти́ться - *to
    descend*
стихи́ - *poems*
стреля́ть / вы́стрелить (в когó) - *to
    shoot*
стрóить / постро́ить - *to build*
существовáть - *to exist*
тащи́ть / стащи́ть - *to steal*
тёмный - *dark*
трусли́вый - *cowardly*
тýча (*dim.* тýчка) - *cloud*
холоди́льник - *refrigerator*
худéть / похудéть - *to lose weight*
чесáть (чешý, чéшешь, чéшут) - *to
    scratch*
шар (*dim.* шáрик)- *balloon*
шумéть - *to make noise*

Эпизо́д 2: «Ви́нни-Пух идёт в го́сти» (0:00–10:03)

До просмо́тра

1. Дава́йте познако́мимся с но́вым персона́жем мультфи́льма:

   Это Кро́лик.

   (а) Како́й он? Он высо́кого ро́ста? Како́го он телосложе́ния?

   (б) Во что Кро́лик оде́т?

   (в) Како́й у него́ хара́ктер? Он аккура́тный и́ли неаккура́тный? Он у́мный? Начи́танный? Весёлый? Общи́тельный? Почему́ вы так ду́маете?

2. **Вопро́сы для обсужде́ния.** Questions for discussion.

   1. В э́том эпизо́де Ви́нни-Пух идёт в го́сти. А вы лю́бите ходи́ть в го́сти? К кому́? Почему́?

   2. Как вы ду́маете, заче́м лю́ди хо́дят в го́сти?

   3. Когда́ (по каки́м дням, во ско́лько) при́нято ходи́ть в го́сти? (по понеде́льникам, по утра́м, на у́жин, на обе́д, ...) А когда́ не при́нято?

   4. Вы прино́сите что́-нибудь с собо́й, когда́ прихо́дите в го́сти? Что? Почему́?

5. Чем вы обы́чно угоща́ете свои́х госте́й (конфе́тами, то́ртом, ...)? Чем вы лю́бите, когда́ угоща́ют вас? Почему́?

6. Что вам нра́вится бо́льше: ходи́ть в го́сти и́ли принима́ть госте́й? Почему́?

3. Что при́нято де́лать в гостя́х? Check all answers that apply. Discuss your answers with your classmates and explain or defend, if necessary, your opinions in Russian.

- ☐ есть рука́ми
- ☐ говори́ть хозя́евам комплиме́нты
- ☐ ча́вкать
- ☐ смотре́ть фотогра́фии
- ☐ сиде́ть в гостя́х мно́го часо́в
- ☐ говори́ть о спо́рте
- ☐ смотре́ть, что есть у хозя́ев в холоди́льнике
- ☐ слу́шать му́зыку
- ☐ танцева́ть
- ☐ …

4. Кто тако́й, по-ва́шему, хоро́ший гость? Почему́ вы так ду́маете? А каки́м до́лжен быть хоро́ший хозя́ин и́ли хозя́йка? Почему́?

5. Как по-ва́шему, что тако́е «безвы́ходное положе́ние»? Вы бы́ли когда́-нибудь в безвы́ходном положе́нии? Когда́ и где э́то бы́ло? Расскажи́те свои́м друзья́м о том, что с ва́ми случи́лось. Как вы себя́ чу́вствовали в той ситуа́ции? Use the following expressions in your story as appropriate: одна́жды (once), пото́м, когда́, по́сле того́ как, че́рез како́е-то вре́мя.

6. Как вы ду́маете, в како́е безвы́ходное положе́ние попаду́т Ви́нни-Пух и Пятачо́к в гостя́х в э́том эпизо́де? Predict what will happen in this episode using future tense. Explain why you think something will or will not happen.

Пе́рвый просмо́тр

7. **Вопро́сы.** Watch the episode with the sound off and answer the following questions in complete sentences.

   1. Когда́ Ви́нни-Пух и Пятачо́к иду́т в го́сти (у́тром, днём, ве́чером, но́чью)?
   2. Как Кро́лик реаги́рует на прихо́д госте́й?
   3. Чем Кро́лик угоща́ет Ви́нни-Пу́ха и Пятачка́?
   4. Что Ви́нни-Пух и Пятачо́к де́лают в гостя́х?

Второ́й просмо́тр

8. **В како́м поря́дке?** Put the following events from this episode in order. There may be events that do not occur in this episode!

   _1_   Ви́нни-Пух и Пятачо́к гуля́ют по́ лесу и сочиня́ют но́вую пе́сенку.

   _____   Друзья́ подхо́дят к норе́, в кото́рой живёт Кро́лик.

   _____   Кро́лик отвеча́ет, что никого́ нет до́ма.

   _____   Ви́нни-Пух предлага́ет Пятачку́ пойти́ в го́сти.

   _____   Кро́лик и Пятачо́к выта́скивают Ви́нни-Пу́ха из норы́ за ла́пы.

   _____   Все садя́тся за стол.

   _____   Ви́нни-Пух съеда́ет всё, что есть у Кро́лика.

   _____   Ви́нни-Пух и Пятачо́к собира́ются уходи́ть.

   _____   Ви́нни-Пух ви́дит, что у Кро́лика мно́го вку́сной еды́.

   _____   Ви́нни-Пух спра́шивает Пятачка́, есть ли у него́ что́-нибудь пое́сть.

   _____   Ви́нни-Пух спра́шивает, есть ли кто́-нибудь до́ма.

   _____   Кро́лик гото́вит обе́д.

   _____   Ви́нни-Пух и Пятачо́к подхо́дят к умыва́льнику.

   _____   Ви́нни-Пух не мо́жет вы́йти из норы́ и застрева́ет в дверя́х.

   _____   Кро́лик приглаша́ет Ви́нни-Пу́ха и Пятачка́ войти́.

   _____   Ви́нни-Пух и Пятачо́к смо́трят на часы́.

   _____   Ви́нни-Пух вспомина́ет об одно́м ва́жном де́ле и собира́ется уходи́ть.

   _____   Ви́нни-Пух и Пятачо́к остаю́тся ещё ненадо́лго.

   _____   Кро́лик говори́т, что Ви́нни-Пух застря́л потому́, что он сли́шком мно́го ест.

По́сле просмо́тра

9. Вопро́сы. Answer the following questions in complete sentences.

1. В э́том эпизо́де Ви́нни-Пух у́чит Пятачка́, как пра́вильно ходи́ть в го́сти. Что он сове́тует Пятачку́? Что он говори́т Пятачку́ о том, что при́нято де́лать в гостя́х?

2. Ви́нни-Пух говори́т: «Не тако́е э́то просто́е де́ло ходи́ть в го́сти.» Как по-ва́шему, почему́ он так ду́мает?

3. Кто, по-ва́шему, лу́чший гость - Ви́нни-Пух и́ли Пятачо́к? Почему́?

4. Как вы ду́маете, Кро́лик - хоро́ший хозя́ин? Почему́?

5. Ви́нни-Пух говори́т, что «подходя́щая компа́ния - э́то така́я компа́ния, где нас мо́гут чем-нибудь угости́ть.» А что тако́е «подходя́щая компа́ния» для вас? Почему́?

6. Что чу́вствует Кро́лик в конце́ э́того эпизо́да? Он расстро́ен (удивлён, огорчён, ...)? Почему́ вы так ду́маете? If necessary, refer to the Appendix for specific expressions describing characters' emotions.

10. Упражне́ние. Одна́жды у́тром Ви́нни-Пух прогу́ливался со свои́м дру́гом Пятачко́м и сочиня́л но́вую пе́сенку. Using с + instrumental case, say what you like or don't like to do with each of the people listed below and explain why.

Образе́ц: ма́ма
            Я люблю́ ходи́ть в кино́ со свое́й ма́мой, потому́
            что ей нра́вятся истори́ческие фи́льмы, как и мне.

(свой) роди́тели	(своя́) лу́чшая подру́га
(своя́) ба́бушка	(свой) сосе́ди
(свой) де́душка	(своя́) мла́дшая (ста́ршая) сестра́
(свой) лу́чший друг	(свой) мла́дший (ста́рший) брат

...

11. Упражне́ние. Ви́нни-Пух предлага́ет Пятачку́: «А не пойти́ ли нам в го́сти?» Working in groups, suggest what activities you and your friends might do together, using the words given below. Share your plans with the rest of the class and decide which group has come up with the most exciting plan.

Образе́ц: пойти́ в кино́
А не пойти́ ли нам в кино́?

поигра́ть в ша́хматы   пригласи́ть друзе́й в го́сти

позвони́ть друзья́м   сходи́ть в го́сти к дру́гу

посмотре́ть телеви́зор   послу́шать му́зыку

устро́ить вечери́нку   …

12. Упражне́ние. Пятачо́к предлага́ет Ви́нни-Пу́ху: «Дава́й пойдём к тебе́!» Using к + dative case, say who you like or don't like to visit and why, as shown in the example below.

Образе́ц: сосе́д
Я не люблю́ ходи́ть к своему́ сосе́ду, потому́ что он всегда́ смо́трит америка́нский футбо́л, а я не интересу́юсь спо́ртом.

роди́тели   сестра́

ба́бушка   подру́га

друзья́   тётя

друг   дя́дя

двою́родный брат   знако́мые

двою́родная сестра́   профе́ссор

…

13. Упражне́ние. The sentences below describe the motion of the characters. Fill in the blanks with appropriate forms of the verbs of motion given below. Each verb may be used more than once. Some verbs may be left over.

Imperfective / Perfective

идти́ / пойти́	*to walk, to go*
ходи́ть / сходи́ть	*to walk, to go*
подходи́ть / подойти́	*to come up to, to approach*
выходи́ть / вы́йти	*to come out of*
уходи́ть / уйти́	*to leave*
заходи́ть / зайти́	*to stop by, to go behind*

Ви́нни-Пух и Пятачо́к _____ по́ лесу и сочиня́ли но́вую пе́сенку. Вдруг Ви́нни-Пух поду́мал, что бы́ло бы хорошо́ _____ в го́сти. Пятачо́к согласи́лся, и друзья́ _____ в го́сти. Вдруг Ви́нни-Пух уви́дел нору́. Друзья́ _____ к норе́, и Ви́нни-Пух спроси́л, есть ли кто́-нибудь до́ма. Снача́ла Кро́лик, кото́рый жил в норе́, отве́тил, что никого́ нет до́ма, и что Кро́лик _____ к своему́ дру́гу Ви́нни-Пу́ху. Но когда́ Кро́лик узна́л Ви́нни-Пу́ха, он пригласи́л Ви́нни-Пу́ха и Пятачка́ _____ в нору́. Ви́нни-Пух сказа́л Кро́лику, что они́ с Пятачко́м случа́йно _____ ми́мо и реши́ли _____ к нему́ в го́сти. Друзья́ _____ в нору́ и се́ли за стол. Ви́нни-Пух съел так мно́го еды́, что не мог _____ из норы́, и Кро́лику и Пятачку́ пришло́сь выта́скивать Ви́нни-Пу́ха из норы́ за ла́пы.

14. Упражне́ние. Кро́лик спра́шивает Ви́нни-Пу́ха: «Пух, тебе́ что нама́зать: мёду и́ли сгущённого молока́?» Working in groups, offer each other and choose what dishes and drinks you would like to get, using the same construction with partitive genitive and the words given in the table below.

Образе́ц: Что тебе́ нали́ть: Кока-ко́лы и́ли тома́тного со́ка?
Тома́тного со́ка. Спаси́бо!

положи́ть	нали́ть
хлеб	апельси́новый сок
сыр	Кока-ко́ла
копчёная колбаса́	горя́чий чай
сала́т из кра́бов	минера́льная вода́
мясно́й сала́т	тома́тный сок
пирожки́ с капу́стой	Спрайт
солёные огурцы́	квас
…	…

15. Упражне́ние. Кро́лик говори́т, что Ви́нни-Пух сли́шком мно́го ест.
Say whether each person listed below does too much (сли́шком мно́го) or too
little (сли́шком ма́ло) of the given activity.

Образе́ц: сестра́ / говори́ть по телефо́ну
   Моя́ сестра́ сли́шком мно́го говори́т по телефо́ну.

брат / игра́ть в видеои́гры

подру́га / ходи́ть по магази́нам

брат / чита́ть

друг / ходи́ть в рестора́ны

я / сиде́ть за компью́тером

брат / помога́ть ма́ме по хозя́йству

я / занима́ться спо́ртом

15a. Кто что де́лает? With a partner, talk about what the people listed below do
too much (сли́шком мно́го) or too little (сли́шком ма́ло) of.

мои́ роди́тели

моя́ сестра́ (мой брат)

мои́ друзья́

мои́ сосе́ди

моя́ ба́бушка (мой де́душка)

я

16. **Упражне́ние.** Working in groups, share with your classmates what, in your opinion, you do too much or too little of. Based on what you hear, pick one habit your classmates shared that surprised you the most and be ready to explain to the rest of the class why you found it so surprising.

Образе́ц: *Я сли́шком мно́го говорю́ по телефо́ну.*

17. **Упражне́ние.** Кро́лик говори́т, что ну́жно ждать неде́лю пока́ Ви́нни-Пух похуде́ет. Using the same time construction with the accusative case, say how long various actions should last, using the words and expressions given below. Working in groups, compare your estimates. If you you disagree with a time for a particular activity, explain and defend your opinion in Russian.

Образе́ц: учи́ться в университе́те
Учи́ться в университе́те ну́жно 4 го́да.

| 1, 2, 3… | мину́та
день
неде́ля
ме́сяц
год
… | писа́ть курсову́ю рабо́ту
смотре́ть фильм
де́лать дома́шнее зада́ние
чи́стить зу́бы
гото́вить у́жин
писа́ть диссерта́цию
чита́ть «Войну́ и мир»
за́втракать
… |

18. **Упражне́ние.** Пятачо́к спра́шивает Ви́нни-Пу́ха: «Кто же хо́дит в го́сти по утра́м?» Working in groups, share at least three things you do at the times listed below. Based on what you hear, decide whether the members of your group are more similar or more different from each other.

Образе́ц: по утра́м
По утра́м я хожу́ в спортза́л.

по утра́м

по вечера́м

по понеде́льникам

по четверга́м

по воскресе́ньям

19. Упражне́ние. Запо́лните про́пуски. Fill in the blanks in the sentences below with an appropriate word from the vocabulary list for this section. Watch for subject / verb and case agreement.

1. Одна́жды у́тром Ви́нни-Пух и Пятачо́к пошли́ _____ к своему́ дру́гу Кро́лику.

2. Кро́лик живёт в _____ .

3. Кро́лик _____ Ви́нни-Пу́ха и Пя́тачка мёдом и сгущённым молоко́м.

4. Ви́нни-Пух съел так мно́го мёда и сгущённого молока́, что он _____ в дверя́х и не мог вы́йти из норы́.

5. Кро́лик сказа́л, что э́то случи́лось потому́, что Ви́нни-Пух сли́шком _____ ест.

6. Кро́лик и Пятачо́к _____ Ви́нни-Пу́ха из норы́ за ла́пы.

20. Упражне́ние. Watch the episode one more time and write out at least three useful expressions from this episode that you could use when visiting people in the future. Share your choices with the rest of the class.

21. Упражне́ние. Watch the episode (or part of the episode) with the sound off and provide your own dialogue for the characters.

22. Письмо́. Write responses to the following.

1. Speculate on how the story might have developed differently under the different conditions listed below. Write on one of these possible scenarios.

   (a) What would have happened if Piglet took charge when he and Winnie-the-Pooh arrived to visit Rabbit?

   (б) What would have happened if Rabbit had a different personality or was in a very bad mood when his friends came to visit him?

   (в) What would have happened if Rabbit wasn't at home, when the guests arrived?

2. Write your own version of the script for this episode. Practice and act out your version of this visit in class and/or video tape your live performance.

3. Imagine that a few days later Rabbit and Piglet will go to visit their friend Winnie-the-Pooh. Write a story describing what will happen in this visit in as much detail as possible.

4. Describe Rabbit's house in as much detail as possible. What does it tell you about the personality of its owner?

5. Write an essay describing in detail the last time you went visiting. Where did you go? When was it? Did you enjoy the visit? Why or why not?

Слова́рь

аккура́тный - *neat*
быва́ть / побыва́ть - *to visit*
в са́мом де́ле - *really*
ва́жный - *important*
весёлый - *cheerful, merry*
волнова́ться - *to worry*
вперёд - *forward*
всё-таки - *still, however*
всё равно́ - *anyway*
вспомина́ть / вспо́мнить - *to remember, to recall*
высо́кий - *tall*
выта́скивать / вы́тащить - *to pull out*
вытира́ть / вы́тереть - *to wipe off*
дева́ться / подева́ться (куда́) - *to get to, disappear*
действи́тельно - *indeed, really*
де́лать вид - *to pretend*
дога́дываться / догада́ться - *to guess*
дыра́ - *hole*
ждать / подожда́ть - *to wait*
за́втрак - *breakfast*
застрева́ть / застря́ть (где) - *to get stuck*
знако́мый - *acquaintance*
интересова́ться (чем) - *to be interested in*
ла́дно - *OK*
ла́па - *paw*
лезть / поле́зть - *to crawl*
ме́жду про́чим - *by the way*
ми́мо - *past, by*
наза́д - *back*
нама́зывать / нама́зать - *to spread*
начина́ть / нача́ть - *to begin*
начи́танный - *well-read*
не спеша́ - *not rushing*

неда́ром - *not for nothing, not in vain*
неде́ля - *week*
ненадо́лго - *for a short while*
неожи́данно - *unexpectedly*
нора́ - *burrow*
обе́д - *lunch*
общи́тельный - *sociable*
оде́т (во что) - *dressed*
одна́жды - *once*
огорчён - *upset*
ора́ть (ору́, орёшь, ору́т) - *to yell*
остава́ться / оста́ться - *to stay*
отдыха́ть / отдохну́ть - *to rest*
пе́рвый - *first*
пока́ - *until*
положе́ние - *situation*
помога́ть / помо́чь (кому́) - *to help*
пора́ - *it's time (to do something)*
посиде́ть - *to spend some time, stay*
по́сле - *after*
пото́м - *then*
прекра́сно - *perfectly*
приду́мывать / приду́мать - *to think of something*
при́нято - *it is accepted, common*
приноси́ть / принести́ (что кому́) - *to bring*
прогу́ливаться - *to have a walk*
просто́й - *simple*
ра́зве - *really?*
расстро́ен - *upset*
реаги́ровать / отреаги́ровать (на что) - *to react*
рост - *height*
свобо́ден - *free*
сгущённое молоко́ - *sweetened condensed milk*
скоре́е - *quickly*
сли́шком - *too (much, little)*

случа́йно - *accidentaly*
сно́ва - *again*
сове́товать / посове́товать (что кому́) - *to advise*
совсе́м - *absolutely, completely*
солёные огурцы́ - *pickles*
спаса́ть / спасти́ - *to save*
сра́зу - *right away, immediately*
телосложе́ние - *build*
толсте́ть / потолсте́ть - *to gain weight*
торопи́ться (тороплю́сь, торо́пишься, торо́пятся) - *to be in a rush*

тяну́ть / потяну́ть - *to pull*
увы́! - *alas!*
угоща́ть / угости́ть (кого́ чем) - *to treat*
удивлён - *surprised*
у́зкий - *narrow*
умыва́льник - *sink*
хозя́ин - *host*
хозя́йка - *hostess*
худе́ть / похуде́ть - *to lose weight*
ча́вкать - *to eat loudly, to slurp*
че́рез - *after, in (a period of time)*

Эпизо́д 3: «Ви́нни-Пух и день забо́т» Часть 1 (0:00–10:04)

> **ГЛАВА ТРЕТЬЯ,** в кото́рой осли́к ИА-ИА праздну́ет свой день рожде́ния и получа́ет сра́зу три поле́зных пода́рка.

До просмо́тра

1. Дава́йте познако́мимся с но́выми персона́жами:

Э́то о́слик Иа́.

   (а) Како́й он?

   (б) Како́го он цве́та?

   (в) Каки́е у него́ у́ши? Каки́е у него́ глаза́?

   (г) Он молодо́й и́ли ста́рый? Как по-ва́шему, ско́лько ему́ лет?

   (д) Он весёлый и́ли гру́стный? Он оптими́ст и́ли пессими́ст?

Э́то Сова́.

   (а) Кака́я она́?

   (б) Она́ молода́я и́ли ста́рая? Как вы ду́маете, ско́лько ей лет?

   (в) Она́ мо́дная? Почему́ вы так ду́маете?

   (г) Она́ у́мная? Образо́ванная? Внима́тельная?

2. В э́том эпизо́де друзья́ пра́зднуют день рожде́ния. Что явля́ется ва́жным атрибу́том э́того пра́здника? Check all that apply.

☐ пода́рки   ☐ поздравле́ния

☐ ёлка   ☐ фейерве́рк

☐ цветы́   ☐ пе́сни

☐ торт   ☐ Дед Моро́з

☐ пара́д на Кра́сной пло́щади   ☐ имени́нный пиро́г

☐ клю́ква в са́харе   ☐ конфе́ты

3. Как вы ду́маете, почему́ э́тот эпизо́д называ́ется «Ви́нни-Пух и день забо́т»? Каки́е забо́ты бу́дут у на́ших геро́ев? Почему́ вы так ду́маете? Predict what will happen in this episode using future tense. Explain why you think something will or will not happen.

4. Вопро́сы для обсужде́ния. Questions for discussion.

1. Как вы обы́чно пра́зднуете свой день рожде́ния? С кем? Где?

2. Како́й са́мый оригина́льный пода́рок, кото́рый вы когда́-ли́бо получи́ли на день рожде́ния?

3. Како́й пода́рок мо́жно назва́ть поле́зным (практи́чным)? Как по-ва́шему, ва́жно ли дари́ть челове́ку поле́зные ве́щи в ка́честве пода́рка? Почему́?

4. Что тако́е настоя́щий день рожде́ния для вас?

5. Расскажи́те о том, как вы отпра́здновали свой про́шлый день рожде́ния. Use the following expressions in your story as appropriate: когда́, снача́ла, пото́м, по́сле того́ как, потому́ что, и́з-за того́ что.

Пе́рвый просмо́тр

5. Ве́рно (+) и́ли неве́рно (-)? True (+) or False (-)?

1. Иа́ всегда́ во всём везёт. ____

2. Ви́нни-Пух встреча́ет Иа́ у своего́ до́мика. ____

3. Иа́ танцу́ет, потому́ что у него́ о́чень хоро́шее настрое́ние. ____

4. Ви́нни-Пух говори́т Иа́, что у него́ нет хвоста́. ____

5. Иа́ уже́ знал, что у него́ нет хвоста́. ____

6. Иа́ ду́мает, что никому́ не интере́сно, что у него́ сего́дня день рожде́ния. ____

7. Ви́нни-Пух встреча́ет Пятачка́ о́коло своего́ до́ма. _____

8. Ви́нни-Пух и Пятачо́к хотя́т вме́сте подари́ть Иа́ горшо́чек с мёдом. _____

9. По доро́ге к Сове́ Ви́нни-Пух съеда́ет весь мёд. _____

10. У до́ма Совы́ Ви́нни-Пух ви́дит шнуро́к, кото́рый о́чень похо́ж на хвост Иа́. _____

11. Сова́ зна́ет, что её шнуро́к - э́то хвост Иа́. _____

12. Ви́нни-Пух про́сит Сову́ написа́ть на горшо́чке: «С Днём Рожде́ния! Пух». _____

Второ́й просмо́тр

6. Вопро́сы. Answer the following questions in complete sentences.

1. Како́е у Иа́ настрое́ние?
2. Что Иа́ потеря́л?
3. Как Ви́нни-Пух узнаёт, что у Иа́ день рожде́ния?
4. Что Ви́нни-Пух хо́чет подари́ть Иа́?
5. Почему́ он переду́мывает?
6. Что Пятачо́к хо́чет подари́ть Иа́?
7. Заче́м Ви́нни-Пу́ху нужна́ по́мощь Совы́?

По́сле просмо́тра

7. Вопро́сы. Answer the following questions in complete sentences.

1. Как вы ду́маете, о́слик Иа́ оптими́ст и́ли пессими́ст? Почему́ вы так ду́маете?
2. Как Иа́ чу́вствует себя́ в э́той ча́сти эпизо́да? If necessary, refer to the Appendix for specific expressions describing characters' emotions.
3. Как друзья́ (Ви́нни-Пух, Пятачо́к, Сова́) реаги́руют на но́вость о дне рожде́ния Иа́? Они́ удивлены́? If necessary, refer to the Appendix for specific expressions describing characters' emotions.

8. Упражне́ние. Ви́нни-Пух говори́т Иа́: «Поздравля́ю с Днём Рожде́ния, жела́ю сча́стья в ли́чной жи́зни!» Say what you would wish your friends on their birthday, using the words and expressions provided below and genitive case after the verb жела́ть.

Образец: сча́стье в ли́чной жи́зни
*Поздравля́ю с Днём Рожде́ния! Жела́ю сча́стья
в ли́чной жи́зни!*

уда́ча во всём   настоя́щая любо́вь
ве́рные друзья́   успе́хи на рабо́те
кре́пкое здоро́вье   везе́ние во всём

…

9. **Упражне́ние.** Иа́ говори́т, что зелёный - его́ люби́мый цвет. Say what color is your favorite, using the color names provided below. Find another person in your class who has the same favorite color as you.

Образец: *Мой люби́мый цвет - зелёный! А твой (ваш)?*

чёрный   фиоле́товый
бе́лый   си́ний
кра́сный   голубо́й
кори́чневый   ора́нжевый
зелёный   се́рый
жёлтый   ро́зовый

10. **Упражне́ние.** Ви́нни-Пух сказа́л Пятачку́: «Я подарю́ ему́ (Иа́) горшо́чек мёду.» Working in groups, share your ideas about what kinds of presents you could give to the people listed below using the verb подари́ть + dative case. Explain why you think a particular present will work for someone. Pick the best present for each person from all the suggestions offered in your group.

Образец: ма́ма
*Ма́ме мо́жно подари́ть духи́, потому́ что ей о́чень
нра́вятся духи́ и космети́ка.*

ма́ма (мать)   ба́бушка
па́па (оте́ц)   де́душка
ста́ршая (мла́дшая) сестра́   жена́
ста́рший (мла́дший) брат   муж
лу́чший друг   сосе́ди
лу́чшая подру́га   почтальо́н

…

11. Упражне́ние. Ви́нни-Пух говори́т, что возду́шным ша́ром мо́жно кого́ хо́чешь уте́шить. Working in groups, come up with as many different ways to cheer up a friend who did poorly on an exam as possible. Use the verb уте́шить + instrumental case as shown in the example below.

Образе́ц: *Дру́га мо́жно уте́шить моро́женым.*

12. Упражне́ние. Ви́нни-Пух говори́т, что дли́нные слова́ его́ то́лько расстра́ивают. Working in pairs, share what things or people upset or make you happy, using the verbs **расстра́ивать** and **ра́довать** and explain why.

Образе́ц: ссо́ры с друзья́ми
Меня́ расстра́ивают ссо́ры с друзья́ми, потому́ что
я не люблю́ ссо́риться с бли́зкими людьми́.

жа́ркая пого́да   боле́знь дру́га

пи́сьма от друзе́й   пода́рки

плохи́е оце́нки   мно́го дома́шнего зада́ния

неу́бранная, гря́зная кварти́ра (дом)

про́игрыш люби́мой спорти́вной кома́нды

…

13. Упражне́ние. Ви́нни-Пух хоте́л, что́бы Сова́ написа́ла на горшо́чке «Поздравля́ю. Пух.» Using что́бы + past tense, say what the characters listed below want (хоте́ть) others to do.

Образе́ц: Иа́ - Ви́нни-Пух / подари́ть ему́ пода́рок
Иа́ хо́чет, что́бы Ви́нни-Пух подари́л ему́ пода́рок.

Ви́нни-Пух - Сова́ / отда́ть о́слику шнуро́к

Пятачо́к - они́ с Ви́нни-Пу́хом / вме́сте подари́ть пода́рок Иа́

Иа́ - Пятачо́к / рассказа́ть ему́ о возду́шном ша́рике

Ви́нни-Пух - Сова́ / помо́чь ему́ написа́ть поздравле́ния Ви́нни-Пу́ху

Сова́ - Ви́нни-Пух / сам написа́ть э́ти поздравле́ния

Иа́ - его́ день рожде́ния / быть настоя́щим

14. Упражне́ние. Using the same construction (что́бы + past tense) say what you want other people to do and why.

Образе́ц: ма́ма / …
Я хочу́, что́бы ма́ма позвони́ла мне, потому́ что мы давно́ не разгова́ривали.

сестра́ (брат) /…	друзья́ / …
друг / …	роди́тели / …
преподава́тель / …	сосе́д по ко́мнате / …
па́па (оте́ц) / …	сосе́ди / …

15. Упражне́ние. Ви́нни-Пух про́сит Сову́ написа́ть на горшо́чке «Поздравля́ю. Пух.» Сова́ спра́шивает Ви́нни-Пу́ха: «А ты сам не уме́ешь?» Using the verb уме́ть + infinitive, say what you and the people you know can (know how to) do using the words provided below.

Образе́ц: писа́ть
Моя́ сестра́ не уме́ет писа́ть.

пла́вать	вари́ть борщ
ката́ться на конька́х	игра́ть на гита́ре
води́ть маши́ну	игра́ть в те́ннис
говори́ть по-япо́нски	…

16. Письмо́. Write responses to the following.
1. Compare Winnie-the-Pooh and Eeyore. How are they similar? How are they different? Why are they good friends?
2. Speculate on how the story might have developed differently. What would have happened if no one found out about Eeyore's birthday?
3. Describe Winnie-the-Pooh's house in as much detail as possible. What does this house tell you about the personality of its owner?
4. What do you think Eeyore's house looks like? Describe it in as much detail as possible.
5. Describe the last time you were looking for a present for someone. What ideas did you have? What did you decide to get in the end and why? What was the reaction of the person you gave the present to?

Слова́рь

беда́ - *misfortune*

бе́рег (на берегу́) - *shore*

бли́зкий - *close (friend)*

боле́знь (f) - *sickness*

в ка́честве (чего́) - *as*

вари́ть - *to cook, to boil*

везти́ (кому́ везёт) - *to be lucky*

весели́ться - *to enjoy oneself, have fun*

внима́тельный - *thoughtful*

води́ть - *to drive*

вы́вод - *conclusion*

горшо́к (*dim.* горшо́чек) - *pot*

давно́ - *for a long time*

держа́ть - *to hold, keep*

духи́ - *perfume*

душераздира́ющий - *heart-rending*

ёлка - *Christmas tree*

жа́лкий - *pitiful, poor*

жа́ловаться (на что) - *to complain*

жа́ркий - *hot*

забо́та - *worry, care*

засыпа́ть / засну́ть - *to fall asleep*

зачем - *why, what for?*

зре́лище - *spectacle*

из-за - *because*

имени́ны - *name-day*

ката́ться на конька́х - *to skate*

клю́ква - *cranberry*

кома́нда - *team*

ли́чно - *personally*

ло́жка - *spoon*

мо́дный - *fashionable*

напомина́ть / напо́мнить (кому́ кого́/что) - *to remind*

настрое́ние - *mood*

ничу́ть - *not at all*

ну вот - *well, there you go*

образо́ванный - *educated*

огорчён - *upset*

о́зеро - *lake*

осёл (*dim.* о́слик) - *donkey*

оставля́ть / оста́вить - *to leave*

отрыва́ться / оторва́ться - *to be ripped off*

оце́нка - *grade, mark*

ошиба́ться / ошиби́ться - *to be mistaken*

переду́мывать / переду́мать - *to change one's mind*

пиро́г - *pie*

пла́вать - *to swim*

плева́ть / наплева́ть - *not to care (lit. to spit)*

пло́щадь (f) - *square*

пляса́ть (пляшу́, пля́шешь, пля́шут) - *to dance*

по доро́ге - *on the way*

подо́бный - *alike*

поле́зный - *useful, practical*

помеща́ться / помести́ться - *to fit into*

почтальо́н - *postman*

пра́здновать / отпра́здновать - *to celebrate*

причи́на - *reason*

про́игрыш - *loss*
пропада́ть / пропа́сть - *to disappear*
пусто́й - *empty*
разгова́ривать - *to talk*
разочарова́ние - *disappointment*
рассужда́ть - *to reason, to think*
сам - *himself*
сла́вный - *nice*
снача́ла - *(at) first*
сова́ - *owl*
ссо́риться / поссо́риться (с кем) - *to argue, to quarrel*
стащи́ть (pf) - *to steal*
страда́ние - *suffering*

стра́нность (f) - *oddity*
теря́ть / потеря́ть - *to lose*
торт - *cake*
уме́ть - *to know how (to do something)*
утеша́ть / уте́шить (кого́ чем) - *to console, to cheer up*
у́ши - *ears*
фейерве́рк - *fireworks*
хвост - *tail*
хрома́ть - *to limp*
цени́ться - *to be worth, to be valued*
ча́йная ло́жка - *teaspoon*
явля́ться (чем) - *to be*

Эпизо́д 3: «Ви́нни-Пух и день забо́т» Часть 2 (10:05-20:36)

До просмо́тра

1. Вопро́сы. Answer the following questions in complete sentences.

1. Как вы ду́маете, кто пе́рвый пода́рит Иа́ пода́рок? Почему́?

2. Как по-ва́шему, что пода́рит Иа́ Сова́? Почему́?

3. Как Иа́ отреаги́рует на пода́рки друзе́й?

4. Чей пода́рок понра́вится Иа́ бо́льше всего́? Почему́?

Пе́рвый просмо́тр

2. Кто говори́т сле́дующее? Who says the following?

(персона́жи: Ви́нни-Пух, Пятачо́к, Иа́, Сова́)

1. Интере́сно, что э́то так бу́мкнуло? _____

2. Краси́вый шнуро́к, пра́вда? _____

3. Я не чиха́ла! _____

4. Но и нельзя́ знать, что кто-то чихну́л, е́сли никто́ не чихну́л. _____

5. Шар! Э́то тако́й большо́й, краси́вый? _____

6. Я хоте́л принести́ его́ тебе́ и упа́л! _____

7. Э́то он? Мой пода́рок? _____

8. Поздравля́ю с Днём Рожде́ния! Жела́ю сча́стья в ли́чной жи́зни! _____

9. Спаси́бо, мне уже́ посчастли́вилось сего́дня. _____

10. В э́тот знамена́тельный день я хочу́ подари́ть тебе́ безвозме́здно... _____

11. Ка́жется, э́то он! _____

Второ́й просмо́тр

3. Вопро́сы. Answer the following questions in complete sentences.

1. Кто подари́л Иа́ пода́рок пе́рвым? Вторы́м? Тре́тьим?

2. Что подари́л Иа́ Пятачо́к?

3. Иа́ понра́вился пода́рок Пятачка́? Почему́ вы так ду́маете?

4. Иа́ понра́вился пода́рок Ви́нни-Пу́ха? Почему́ вы так ду́маете?

5. Что подарила Иа́ Сова́?

6. Иа́ понра́вился пода́рок Совы́? Почему́?

По́сле просмо́тра

4. **Вопро́сы.** Answer the following questions in complete sentences.

1. Како́й пода́рок был, по-ва́шему, са́мым лу́чшим? Почему́?

2. Как вы ду́маете, у Иа́ был хоро́ший день рожде́ния? Почему́?

3. Как чу́вствовал себя́ Иа́ в свой день рожде́ния? Как меня́лось его́ настрое́ние в э́тот день? Почему́?

5. **Упражне́ние.** Иа́ спра́шивает Пятачка́, како́го цве́та был возду́шный ша́рик. Say what color the objects listed below are.

Образе́ц: маши́на / кра́сный
            маши́на кра́сного цве́та

дива́н / кори́чневый   ча́шка / бе́лый
ру́чка / чёрный   футбо́лка / си́ний
ку́ртка / зелёный   я́блоко / жёлтый

…

6. **Упражне́ние.** Look around the room and name the colors of as many objects as you can, using the same construction with genitive case.

Образе́ц: *Доска́ чёрного цве́та.*

7. **Упражне́ние.** Пятачку́ хоте́лось пе́рвому преподнести́ пода́рок Иа́. Say what you felt like doing and didn't feel like doing yesterday (last weekend, last Friday, …), using the words and expressions provided below.

Образе́ц: чита́ть
            Вчера́ мне не хоте́лось чита́ть.

When?	What?
вчера́	де́лать дома́шнее зада́ние
два дня наза́д	спать
в про́шлую пя́тницу	ра́но встава́ть
на выходны́х	помога́ть (кому́?)
в понеде́льник	говори́ть с друзья́ми
в про́шлом году́	рабо́тать
…	…

8. Упражне́ние. Сова́ говори́т, что е́сли бы хвост пропа́л в како́й-нибудь друго́й день, э́того бы никто́ не заме́тил. Using the appropriate grammatical forms of никто́, say that none of the characters did the following things.

Образе́ц: *Никто́ не заме́тил, что хвост пропа́л.*

1. Иа́ _____ не сказа́л о своём дне рожде́ния.

2. Сова́ ду́мала, что шнуро́к, кото́рый она́ нашла́ на ку́стике, _____ не был ну́жен.

3. Иа́ ду́мал, что _____ нé было интере́сно, что у него́ был день рожде́ния.

4. В свой день рожде́ния Иа́ был оди́н и ему́ _____ бы́ло разгова́ривать.

9. Упражне́ние. Когда́ Пятачо́к поздравля́ет Иа́ с днём рожде́ния, Иа́ переспра́шивает его́: «Кого́? Меня́?» Using appropriate forms of кто and я, say how Eeyore would react to his friends' statements by asking them if they were, in fact, addressing him, as shown in the example below.

Образе́ц: Пятачо́к: Иа́, поздравля́ю тебя́ с Днём Рожде́ния!
     Иа́: Кого́? Меня́?

1. Пятачо́к: Я принёс тебе́ пода́рок.

2. Ви́нни-Пух: Жела́ю тебе́ сча́стья в ли́чной жи́зни!

3. Ви́нни-Пух: У меня́ для тебя́ о́чень поле́зный пода́рок!

4. Сова́: Иа́, я слы́шала, у тебя́ сего́дня день рожде́ния.

5. Сова́: Вот о́чень поле́зный шнуро́к. Ты мо́жешь пове́сить его́ на дверь...

10. Упражне́ние. Ви́нни-Пух говори́т, что в горшо́чек мо́жно положи́ть, всё, что уго́дно. Say what can be placed into the locations listed below using the appropriate forms of the verbs положи́ть, поста́вить, пове́сить and accusative case.

Образе́ц: мяч / стол
     Мяч мо́жно положи́ть под стол.

Object	Location
мяч	стол
пальто́	стена́
карти́на	пол
ла́мпа	стул
цветы́	ва́за
телеви́зор	дива́н
фотогра́фия	потоло́к
сви́тер	крова́ть
кни́га	шкаф
телефо́н	по́лка
…	…

11. **Упражне́ние.** Ви́нни-Пух сказа́л, что возду́шные шары́ в горшо́чек не вле́зут, потому́ что они́ сли́шком больши́е. Using the word сли́шком, state that the objects listed below have too much of a certain quality.

Образе́ц: маши́на / дорого́й
Маши́на сли́шком дорога́я.

рабо́та / тру́дный   часы́ / ста́рый
суп / солёный   руба́шка / ма́ленький
упражне́ние / дли́нный   сапоги́ / большо́й
пальто́ / коро́ткий   …

12. **Упражне́ние.** Иа́ сказа́л: «Да, настоя́щий день рожде́ния. Сто́лько пода́рков!» Work with a classmate who is originally from (or is familiar with) a different city than you are. Using сто́лько + genitive case, tell each other that you have so many different things in your respective cities.

Образе́ц: *У нас в Нью-Йо́рке сто́лько теа́тров!*

13. Упражне́ние. Ви́нни-Пух сказа́л Сове́: «Е́сли ты пода́ришь ему́ (Иа́) на день рожде́ния э́тот шнуро́к, он бу́дет про́сто сча́стлив.» Working in groups, state what things you can do to make the people listed below happy, using е́сли + future tense.

Образе́ц: преподава́тель
             Е́сли я сде́лаю дома́шнее зада́ние во́время, мой
             преподава́тель бу́дет про́сто сча́стлив!

преподава́тель	ба́бушка
роди́тели	де́душка
лу́чшая подру́га	ста́рший (мла́дший) брат
лу́чший друг	ста́ршая (мла́дшая) сестра́
…	

14. Упражне́ние. Запо́лните про́пуски. Fill in the blanks in the sentences below with an appropriate word from the vocabulary list for this section. Watch for subject / verb and case agreement.

1. Пятачо́к о́чень спеши́л, потому́ что ему́ о́чень хоте́лось пе́рвым _____ пода́рок своему́ дру́гу Иа́.

2. Но Пятачо́к так бы́стро бежа́л, что совсе́м не _____ под ноги.

3. Пятачо́к упа́л и его́ ша́рик _____.

4. Ви́нни-Пух подари́л Иа́ _____, в кото́рый мо́жно бы́ло положи́ть всё, что уго́дно.

5. Сова́ подари́ла Иа́ _____, кото́рый она́ нашла́ в лесу́ на _____.

15. Письмо́. Write responses to the following.

1. Retell this episode from the point of view of Winnie-the-Pooh, Piglet, Owl or Eeyore in as much detail as possible.

2. Speculate on how the story might have developed differently. What other presents could friends have given Eeyore on his birthday? How would he have reacted to those presents?

3. Describe a present that you think would have been perfect for each of the characters in this cartoon on their birthdays. How would each of the characters react to their perfect present?

4. Think of your favorite cartoon characters. What presents would be perfect for them and why?

5. Write a one-paragraph comparison of any two characters in this episode in terms of their appearance and personality. You can refer to character description vocabulary provided in the Appendix.

6. Imagine that today is Winnie-the-Pooh's birthday. Write your own script describing Winnie's birthday. Practice and act out your version of this story in class and/or videotape your live performance.

Слова́рь

безвозме́здно - *for free*

влеза́ть / влезть - *to fit into*

вспомина́ть / вспо́мнить - *to remember, recall*

встава́ть / встать - *to get up*

вся́кий - *any*

гляде́ть (гляжу́, гляди́шь, глядя́т) - *to look (at)*

да́же - *even*

да́ром - *for free*

дли́нный - *long*

доска́ - *blackboard*

знамена́тельный - *significant*

класть / положи́ть (что куда́) - *to put*

ко́локол (*dim.* колоко́льчик) - *bell*

коро́ткий - *short*

куст (*dim.* ку́стик) - *bush, shrub*

ли́чный - *personal*

ло́паться / ло́пнуть - *to burst*

меня́ться / поменя́ться - *to change*

меша́ть (кому́) - *to interfere, to interrupt*

мяч - *ball*

насчёт - *about, concerning*

отрыва́ть / оторва́ть - *to rip off*

пальто́ - *coat*

пе́рвый - *first*

перебива́ть / переби́ть - *to interrupt*

переспра́шивать / переспроси́ть - *to repeat one's question, to check back*

дари́ть / подари́ть (что кому́) - *to give a present*

поле́зный - *useful*

посчастли́виться (кому́) - *someone was (got) lucky*

преподноси́ть / преподнести́ (что кому́) - *to present*

продолжа́ть / продо́лжить - *to continue*

пропада́ть / пропа́сть - *to disappear*

разме́р - *size*

размечта́ться - *to be lost in daydreaming*

расстра́ивать / расстро́ить (кого́) - *to upset*

руба́шка - *dress shirt*

сапоги́ - *high shoes, boots*

совпаде́ние - *coincidence*

совсе́м - *absolutely, completely*

солёный - *salty*

сомнева́ться / засомнева́ться (в чём) - *to doubt*

скро́мный - *modest*

спеши́ть - *to rush*

тря́пка (*dim.* тря́почка) - *cloth, rag*

уго́дно - *any* (кто уго́дно - *anyone*)

чертополо́х - *thistle*

чиха́ть - *to sneeze*

шнур (*dim.* шнуро́к) - *cord, shoe lace*

шум - *noise*

Further Topics for Class Discussion, Oral Reports and Essays

1. Compare the characters in the Soviet and Disney Winnie-the-Pooh cartoons. In what ways are they similar? In what ways are they different?

2. Which of the characters in this cartoon did you like most and why?

3. Of the episodes you watched, which did you like the most and why?

4. Describe your favorite scene(s) in all three episodes. Why do you like each scene? Why is each scene important?

5. Do you think that Winnie-the-Pooh in this cartoon has a "Russian" character? Why or why not?

6. This cartoon is based on the books of A. A. Milne. This means that there are differences between this cartoon and the original books. Read the second chapter of A.A. Milne's book, in which Winnie visits the Rabbit (http://winnie-the-pooh.ru/) and compare it with the second episode of the cartoon. Describe in as much detail as possible how they are similar and/or different. Which of the two versions do you like more and why?

7. You know that Winnie-the-Pooh likes to create songs. Create a new song for Winnie. What would Winnie call this song (сопе́лка, пыхте́лка, ворча́лка…) and why?

8. Write your own script for a new episode about Winnie-the-Pooh and his friends. Practice and act out your version of this story in class and/or videotape your live performance.

Ёжик в тума́не

Award-winning Russian animator Yuri Norstein created *Hedgehog in the Fog* in 1975 based on Sergei Kozlov's cycle of fairy tales about a hedgehog and a bear cub. The cartoon tells the story of a scared, quiet, thoughtful, and inquisitive hedgehog who is lost in the fog on the way to meet his friend the bear cub, with whom he likes to drink tea and lie together on the roof counting stars. The cartoon couples a melancholy story with innovative effects. To create the effect of fog, Norstein shot the fog scene through a thin piece of white paper, which he slowly lifted towards the camera to render it white and blurry. For decades Russian critics have regarded this cartoon as well as Norstein's other animation work as among the best ever made. In 2003 *Hedgehog* won the title of №1 Animated Film of All Time at the contest *All Time Animation Best 150 in Japan and Worldwide* in Tokyo. In 1976 *Hedgehog* was awarded first prize for Best Animated Film at the *All-Union Film Festival* in Frunze (now Bishkek) and at the *Children's and Youth Film Festival* in Tehran. Norstein is known for his other animated masterpieces such as *Tale of Tales, The Overcoat,* and *Heron and Crane.* In 1988 an image of the cartoon (the hedgehog and the owl) became one of the themes of Soviet postal stamps.

Hedgehog in the Fog is available as part of the DVD collection *Masters Of Russian Animation, Volume 2.* The exercises here are based on this edition.

These materials can be used with late first-year, second-year or early third-year students (Novice and Intermediate level learners) and would be an effective supplement to the grammar topic of verbs of motion because the characters are constantly in motion. *Hedgehog* is a good starting point for Novice level students because the cartoon has very little dialogue. The listening comprehension is facilitated by the narrator's slow rate of speech. Grammar exercises allow students to review verbs of motion, negative pronouns, and aspectual pairs. Syntactic exercises review conditional and hypothetical constructions. Communicative exercises serve both as a basis for closed-ended questions that focus on the content of the cartoon and also as a basis for more abstract philosophical questions.

The exercises are designed for two viewings (three viewings in order to discuss the role of music in this cartoon), but flexibility is built in, and instructors may adjust as necessary. The section called «До просмо́тра» includes warm-up exercises that serve as brain-storm activities or a pre-listening advanced organizer, followed by those to be completed after the first viewing («Пе́рвый просмо́тр»). It is suggested that the first viewing be without sound so students can focus on the visuals and animation, notice details, and make predictions about what the cartoon might be about. During the section «Второ́й просмо́тр» students watch the cartoon with sound. The activities for after the second viewing («По́сле просмо́тра») include grammar and speaking exercises («Дава́йте поговори́м») geared to the development of Intermediate / Advanced level discourse, and a section with possible essay topics. In order for students to have better comprehension of speech in the cartoons, they should be asked to learn or at least familiarize themselves with the vocabulary list given at the end of the "Yozhik" chapter prior to viewing.

«Ёжик в тума́не» (0:00-9:55)

До просмо́тра

1. Вопросы

1. Look at the title and the picture above. What do you think this cartoon will be about? What do you think the relationship between the hedgehog and the owl is?

2. Посмотри́те на фотогра́фию. Како́й ёжик и кака́я сова́?

3. Как вы ду́маете, что у ёжика в ла́пах? Где они́? Что де́лают? Как вы ду́маете, они́ друзья́?

4. Каки́е ещё живо́тные живу́т в лесу́?

5. Put the animals you just came up with into groups (given below) based on the way they move:

хо́дят	бе́гают	лета́ют	пла́вают	по́лзают	ла́зят

Пе́рвый просмо́тр (без зву́ка)

2. After you watch the cartoon once, working in groups, write down in Russian the names of the animals in the order you saw them. If you do not know some of the names in Russian, ask your peers or teacher.

3. If you did not yet list these animals in question 1.5 above, add them in there now according to the way they move.

4. Ве́рно (+) или неве́рно (-)? True (+) or False (-)?

1. Ёжик несёт медвежо́нку пода́рок. _____

2. Сова́ хо́дит за ёжиком на цы́почках. _____

3. Ёжик подхо́дит к де́реву и заполза́ет на него́. _____

4. В лесу́ о́сень. Мно́го ли́стьев лета́ет в во́здухе. _____

5. Ёжик переплыва́ет ре́ку и идёт к медвежо́нку. _____

6. Ёжик устаёт, и соба́ка везёт его́ на себе́. _____

7. Медвежо́нок залеза́ет на де́рево, что́бы найти́ ёжика._____

8. Ве́чером сова́ прилета́ет в го́сти к медвежо́нку на чай. _____

Второ́й просмо́тр (со зву́ком)

5. Кто говори́т сле́дующее? Who says the following? (персона́жи: ёжик, медвежо́нок, сова́, ло́шадь, ры́ба, соба́ка)

1. Пусть река́ сама́ несёт меня́. _____

2. Я промо́к. _____

3. Я утону́. _____

4. Сади́тесь ко мне на́ спину, я отвезу́ Вас на бе́рег. _____

5. Я звал-звал, а ты не отклика́лся. _____

6. Всё-таки хорошо́, что мы сно́ва вме́сте.

7. Вот, ду́маю, сейча́с придёшь, ся́дем, чайку́ попьём. _____

По́сле просмо́тра

6. Вопро́сы. Answer the following questions in complete sentences.

1. Что ёжик де́лает по вечера́м?

2. Куда́ и заче́м идёт ёжик? Что он несёт?

3. Кого́ встреча́ет ёжик на пути́?

4. Как ёжик оказа́лся в тума́не?

5. Кого́ и чего́ бои́тся ёжик? Почему́?

7. Упражне́ние. Ёжик в лесу́. When the hedgehog found himself in the forest he ran into an oak. Look at the diagrams. They represent the hedgehog's motion in relation to the tree (represented in the diagrams as a square).

(а)   Match these pictures with verbs given below.

(отошёл, вы́шел, вошёл, подошёл, зашёл, перешёл, обошёл, прошёл)

(б)   Что ёжик сде́лал, когда́ он уви́дел большо́й дуб? Supply any necessary prepositions after verbs and put the noun дуб in the appropriate form based on the preposition it follows.

Ёжик _____   _____   _____
       (verb)   (preposition)   (дуб)

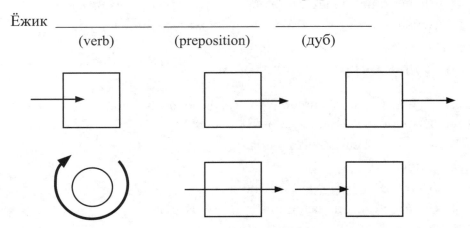

8. Упражне́ние. Retell the story of the hedgehog by inserting the proper verb of motion in the sentences below. Pay attention to multi / unidirectional verbs and prefixes. (A verb bank with possible prefixes is below the exercise).

Одна́жды ёжик реши́л _____ (to go) в го́сти к медвежо́нку, кото́рый жил за ле́сом. Ёжик _____ (left) из до́ма и _____ (went) по дли́нной доро́ге. Снача́ла ёжик _____ (came up to) к коло́дцу, посмотре́л в него́ и _____ (went) да́льше. Вдру́г ёжика уви́дела больша́я сова́. Она́ _____ (began to fly) за ёжиком. Всю доро́гу сова́ _____ (flew) над ёжиком, _____ (flew closer) к нему́, _____ (flew away) от него́, но ника́к не могла́ съесть его́. Был ве́чер. Ёжику бы́ло стра́шно _____ (to go) одному́. Он хоте́л _____ (to run away) от совы́ и реши́л _____ (to drop in running) в тума́н, но в тума́не он ничего́ не мог ви́деть, да́же свои́х лап. Вдру́г ёжик _____ (approached) к чему́-то о́чень большо́му. Он _____ (crawled) на э́то что́-то, оказа́лось, э́то был большо́й дуб. Когда́ ёжик _____ (crawled off) с ду́ба, он по́нял, что потеря́л мешо́чек с варе́ньем. Ёжик _____ (ran around) вокру́г де́рева, но мешо́чка нигде́ не́ было. Тогда́ ёжик _____ (ran away) от де́рева и нашёл свой мешо́чек в по́ле. Когда́ ёжик наконе́ц _____ (reached running, approached running) до до́ма медвежо́нка, он уже́ спал.

Verb Bank

Unprefixed Verbs (Imperfective)

	one way (unidirectional)	round trip (multidirectional)	Meaning
intransitive	идти́	ходи́ть	to walk, to go on foot
	е́хать	е́здить	to go by vehicle
	лете́ть	лета́ть	to fly
	бежа́ть	бе́гать	to run
	плыть	пла́вать	to swim
	лезть	ла́зить	to climb
	ползти́	по́лзать	to crawl
transitive	нести́	носи́ть	to carry (in hands)
	вести́	води́ть	to take on foot, to lead
	везти́	вози́ть	to take by vehicle

Prefixes that form the perfective from unidirectional verbs:

по-, вы-, в-, под-, от-, у-, при-, за-, с-, вз/вс-, об-, от-, до-, пере-, про-

9. Упражне́ние. Under what circumstance will the following statements become true? Combine sentences from both columns into one. Start your statements with the conjunction **е́сли**. Pay attention to the tense used in both clauses in the construction of the real conditional mood.

Образе́ц: *Е́сли ло́шадь уста́нет, она́ ля́жет спать.*

~~ло́шадь (уста́ть)~~	ло́шадь (не захлебну́ться) в тума́не
ёжик (захоте́ть) счита́ть звёзды	медвежо́нок (расстро́иться)
ёжик (войти́) в тума́н	~~она́ (лечь) спать~~
ло́шадь (лечь) спать	ёжик (пойти́) в го́сти к медвежо́нку
сова́ (уви́деть) ёжика	ёжик (испуга́ться)
ёжик (потеря́ть) мешо́чек с	ёжик (потеря́ть) мешо́чек с
варе́ньем	варе́ньем

10. Упражне́ние. What would the outcomes be if the following statements were true? Finish the sentences below using **е́сли бы**. Pay attention to the tense used in both clauses in the construction of the unreal conditional mood.

Образе́ц: *Е́сли бы ёжик не́ был таки́м ма́леньким,*
   он был бы о́чень сме́лым.

1. Е́сли бы медвежо́нок пошёл в го́сти к ёжику, то....
2. Е́сли бы ёжик пошёл к медвежо́нку у́тром, то...
3. Е́сли бы ло́шадь зна́ла о ёжике, то...
4. Е́сли бы соба́ка не принесла́ ёжику мешо́чек с варе́ньем, то...
5. Е́сли бы ёжик не вошёл в тума́н, то...
6. Е́сли бы ры́ба не отвезла́ ёжика на бе́рег, то...

11. Упражне́ние. When ёжик comes to медвежо́нок, медвежо́нок notices that his friend is distracted and something troubles him. Медвежо́нок is trying to figure out what is going on with ёжик and asks him a lot of questions, which ёжик answers negatively. Put negative pronouns **никто́** or **ничто́** into the appropriate grammatical form.

Образцы́:   *М: С чем э́ти пирожки́?*
   Ё: Ни с че́м.

   М: Что ты принёс?
   Ё: Я ничего́ не принёс.

1. М: Что случи́лось?

   Ё: _____ не случи́лось.

2. М: Кто тебя́ оби́дел?

   Ё: Меня́ _____ не оби́дел.

3. М: Кого́ ты встре́тил в лесу́?

   Ё: Я _____ не встре́тил в лесу́.

4. М: У кого́ ты был у́тром?

   Ё: Я _____ не был.

5. М: С кем ты говори́л днём?

   Ё: Я _____ не говори́л.

6. М: О чём ты ду́маешь?

   Ё: Я _____ не ду́маю.

7. М: Что ты хо́чешь де́лать?

   Ё: Я _____ не хочу́ де́лать.

12. **Упражне́ние.** Aspect Review. Finish the sentences using the verbs in parentheses in the necessary aspect.

   А.

   1. (вспомина́ть / вспо́мнить). Вчера́ ёжик ходи́л в теа́тр. Там он встре́тил за́йца, кото́рый поздоро́вался с ним. Ёжик до́лго _____ , где он ви́дел э́того за́йца. Наконе́ц, он _____ , что э́тот за́яц приходи́л к медвежо́нку на чай.

   2. (смотре́ть / досмотре́ть) Сего́дня медвежо́нок купи́л но́вый фильм. Он _____ его́ 2 часа́ и наконе́ц _____ его́.

   3. (чита́ть / прочита́ть) Ёжик _____ стихи́ всю ночь. Когда́ он _____ все стихи́, кото́рые он знал, медвежо́нок и все го́сти зааплоди́ровали ёжику.

   4. (гото́вить / пригото́вить). Медвежо́нок _____ чай с утра́. К ве́черу он _____ его́.

   5. (гото́вить / пригото́вить). Когда́ медвежо́нок _____ чай, он позва́л в го́сти друзе́й.

   6. (пить / вы́пить). Когда́ го́сти _____ чай, они́ расска́зывали ра́зные стра́шные исто́рии.

Б. The bear cub has a lot of questions for the hedgehog.

М: Ёжик, почему́ ты _____
(опа́здывать / опозда́ть) на час?

Ё: Я реши́л немно́го _____
(гуля́ть / погуля́ть) в тума́не.

М: Кого́ ты _____
(встреча́ть / встре́тить) в тума́не?

Ё: Ло́шадь.

М: Ло́шадь? А что она́ _____ (де́лать / сде́лать) в тума́не?

Ё: Ло́шадь _____ (есть / съесть) траву́.

М: Ёжик, а почему́ ты мо́крый?

Ё: Я _____ (па́дать / упа́сть) в ре́ку.

М: А как ты не утону́л (drown)?

Ё: Ко мне _____ (плыть / подплы́ть) кто́-то.
Я _____ (сади́ться / сесть) на него́, и он
_____ (везти́ / отвезти́) меня́ на бе́рег.

М: Я о́чень рад, что ты здесь. Дава́й _____ (сади́ться
/ сесть), _____ (пить / попи́ть) чайку́, а пото́м всю
ночь _____ (счита́ть / посчита́ть) звёзды.

Дава́йте поговори́м

Use the following expressions (cohesive devices) in your responses:

по-мо́ему	пе́ред тем, как
че́стно говоря́	по́сле того́, как
вообще́ говоря́	снача́ла
безусло́вно	пото́м
наприме́р	как оказа́лось
во-пе́рвых, во-вторы́х	что́бы
кро́ме того́	кото́рый
поэ́тому	к сча́стью; к сожале́нию
зна́чит	

13. Почему́ ёжик всё вре́мя ду́мает о ло́шади?

14. Како́й хара́ктер у ёжика? У медвежо́нка? Describe their personalities in detail. Support your description with examples from the cartoon. You can use character description vocabulary given in the Appendix.

15. Что случи́лось в лесу́? На реке́? Расскажи́те о приключе́нии ёжика от лица́ одного́ из геро́ев (напу́ганного ёжика, любопы́тной совы́, болтли́вого медвежо́нка). Use as many verbs of motion as possible. Work in groups of three. One of you will be a referee, keeping count of how many different verbs of motion were used by you vs. your partner.

16. Вам понра́вился э́тот мультфи́льм? Почему́ да и́ли нет? Support your response with examples from the cartoon.

17. Мы зна́ем, что по вечера́м ёжик с медвежо́нком счита́ют звёзды. А чем занима́етесь по вечера́м вы? В свобо́дное вре́мя? Give a detailed narration of what you like to do in your free time.

18. Расскажи́те о ва́шем неда́внем путеше́ствии. Куда́ вы ходи́ли / е́здили / лета́ли? Кого́ вы встре́тили по пути́? Что интере́сного / стра́шного / необы́чного с ва́ми произошло́? Narrate in as much detail as possible.

Слова́рь

ёжик - *hedgehog*
медвежо́нок - *bear cub*
счита́ть / посчита́ть звёзды - *to count stars*
уса́живаться / усе́сться на брёвнышке - *to sit down on a log*
прихлёбывая чай - *sipping on tea*
оно́ висе́ло над кры́шей пря́мо за печно́й тру́бой* - It hung above the roof, right behind the stove pipe*
мали́новое варе́нье - *raspberry jam*
самова́р просты́л - *samovar cooled down*
ве́точек подбро́сить - *to add some branches*
тума́н - *fog*
что́бы попа́сть в тума́н - *in order to get into the fog*
внутри́ - *inside*

ла́па - *paw*
и да́же ла́пы не ви́дно - *one cannot see even a paw*
ло́шадь ничего́ не сказа́ла - *the horse did not say anything*
поднима́ть / подня́ть лист с земли́ - *to pick up a leaf from the ground*
псих - *weirdo, psycho*
па́дать / упа́сть в ре́ку - *fall into a river*
я совсе́м промо́к - *I am completely soaked*
ёжик глубоко́ вздохну́л, его́ понесло́ по тече́нию - *the hedgehog breathed in deeply, and he was taken along the stream*
кто́-то - *someone, somebody*
дотро́нулся до (чего́) - *touched (slightly)*

садитесь ко мне на́ спину - *come, sit on my back*

не́ за что, сказа́л кто́-то - *don't mention it, someone said*

где ж ты был? - *where were you?*

я уж и самова́р на крыльце́ раздул, кре́слице плетёное придви́нул, чтобы звёзды удо́бнее счита́ть бы́ло - *I have already fixed the samovar on the porch, moved a straw armchair closer so it is more comfortable to count stars*

чтобы дымо́к был - *so there would be smoke*

чайку́ попьём - *let's drink some tea*

можжеве́льник - *juniper twigs*

ведь кто же кро́ме тебя́ звёзды-то счита́ть бу́дет? - *if it is not you, then who will count stars?*

лу́жа - *puddle*

коло́дец - *well*

э́хо - *echo*

повора́чиваться / поверну́ться - *to turn*

ау́кать - *to halloo*

па́лка - *a stick*

класть / положи́ть мешо́к - *to place a bag*

ползти́ - *to crawl*

мотылёк - *moth*

све́чка - *candle*

путеводи́тель - *guide*

зева́ть / зевну́ть - *to yawn*

опа́сность - *danger*

звать кого́-то - *to call someone*

и́стина - *truth*

Prefixed and unprefixed verbs of motion

Imperfective / Perfective

спуска́ться / спусти́ться с го́рки - *to walk down a hill*

поднима́ться / подня́ться на го́рку - *to go up a hill*

идти́ (ходи́ть) / пойти́ на цы́почках - *to walk on tip-toes*

идти́ (ходи́ть) / пойти́ че́рез лес - *to go through a forest*

идти́ (ходи́ть) / пойти́ с закры́тыми глаза́ми - *to walk with eyes closed*

нести́ (носи́ть) / принести́ - *to bring*

пуска́й река́ сама́ несёт меня́ - *let the river carry me*

плыть (пла́вать) / попла́вать - *to swim*

пролета́ть / пролете́ть над - *to fly over / above*

лете́ть (лета́ть) / полете́ть за ёжиком - *to fly after the hedgehog*

лист слете́л с де́рева - *a leaf fell off the tree*

подходи́ть / подойти́ к де́реву - *to come to a tree, to approach*

подбега́ть / подбежа́ть к ёжику - *to ran up to the hedgehog*

отходи́ть / отойти́ от де́рева - *to step away from a tree*

отбега́ть / отбежа́ть от ёжика - *to run a short distance from the hedgehog*

убега́ть / убежа́ть от - *to run away from*

обходи́ть / обойти́ вокру́г де́рева - *to walk around the tree* оббегáть / оббежáть вокрýг дéрева - *to run around the tree*

заползáть / заползти́ на дéрево, в дуплó - *to crawl / climb a tree, into a hollow*

заходи́ть / зайти́ в дуплó - *to walk into a hollow*

залáзить / залéзть в дуплó - *to climb into a hollow*

выходи́ть / вы́йти из дуплá - *to come out from a hollow*

выползáть / вы́ползти из дуплá - *to crawl out from a hollow*

вылáзить *also used as* вылезáть / вы́лезть из дуплá - *to climb out from a hollow*

Conjugation of unprefixed intransitive verbs 'to climb' and 'to crawl'

one way (unidirectional)	round trip (multidirectional)	meaning
лезть (лéзу, лéзет, лéзут, *past*: лез, лéзла, лéзли, *Imper*: лезь!)	лáзить (лáжу, лáзишь, лáзят, *past*: лáзил, лáзила, лáзили, *Imper*: лазь!)	to climb
ползти́ (ползý, ползёшь, ползýт, *past*: полз, ползлá, ползли́, *Imper*: ползи́!)	пóлзать (пóлзаю, пóлзаешь, пóлзают, *past*: пóлзал, пóлзала, пóлзали, *Imper*: пóлзай!)	to crawl

Further Topics for Class Discussion, Oral Reports and Essays

In your essays use the expressions (cohesive devices) given in the section Давáйте поговорúм above.

1. Считáете ли вы, что э́тот мультфи́льм име́ет символи́ческий смысл (есть ли филосо́фия в э́том мультфи́льме, наприме́р, филосо́фия жи́зни)? What do you think the hedgehog, horse, bat, owl, oak and moth might symbolize?

2. Как вы дýмаете, почемý ёжик оказáлся в тумáне? Что мóжет знáчить тумáн и свéчи?

3. Почемý ёжик реши́л: «пусть рекá самá несёт меня́ по тече́нию», и какóе символи́ческое значе́ние мóжет име́ть рекá?

4. Посмотри́те мультфи́льм ещё раз. Какóе значе́ние име́ет мýзыка в э́том мультфи́льме?

5. Мнóгие кри́тики считáют, что «Ёжик в тумáне» - мультфи́льм для взрóслых. Вы соглáсны с таки́м мне́нием? Почемý?

6. Подýмайте о други́х скáзках. Каки́е там живóтные? Какýю рóль они́ игрáют в други́х скáзках?

7. Think about an important historical moment in your country. What symbols / animals might one use to symbolically express the events of the time? Using these characters, write your own fairy tale and give it a title. (*Or* you can work in groups to write your story and act it out.)

Малы́ш и Ка́рлсон

Junior and Karlson and *Karlson is Back* are cartoons created by Boris Stepantsev in 1970. The cartoons are based on the stories written by the well-known Swedish children's writer Astrid Lindgren (best known for *Pippi Longstocking*) about a cute, chubby, funny little man-like creature named Karlson who flies and lives on a roof. The cartoons follow Karlson, whose primary interests include eating and fantasizing, and his friend, a little boy named *Malysh* (Junior). Though these cartoons are almost forty years old, they are still the favorites of many Russian families; many generations grew up on them, watched them a million times but never became tired of this easy-going, nice and naughty shorty. Sayings and exchanges from Karlson, such as *Споко́йствие, то́лько споко́йствие!* (Take it easy!), are frequently heard in the everyday speech of Russians.

If you do not own a collection of Russian cartoons with the Karlson cartoons you can watch them on YouTube.com. The exercises in this chapter are designed around the Russian version of 1970 (created by Boris Stepantsev, not by Vibeke Idse of 2004). This version of Karlson is a part of *Multfejerverk No 6* which you can buy at http://. www.odvd.ru/ or http://www.mykniga.de/

The Karlson materials can supplement second-year students' curriculum including the Novice and Intermediate level topics of getting acquainted, family, marriage, house and household duties, health, food, hobbies, travel, telephone conversation, and such grammar topics as verbs of motion, reflexives, imperative mood, and aspect. Karlson is a good starting point for Intermediate-low level students because the dialogues in the cartoon repeat familiar topics, words and constructions. The rate of speech is moderate, and a lot of words and phrases repeat throughout each episode. The goals of the exercises here are to reinforce vocabulary, to review grammar, to work on the key constructions used in the episodes, to encourage students to communicate using the cartoon material, and to push students towards the higher level of performance (advanced) by means of building a paragraph-length discourse with the focus on narration and description in all time frames.

Each cartoon is divided into sections, with times indicated with each section's title. The exercises are designed for two viewings of each section, but they are flexible and instructors may adjust as necessary. The section called «До просмо́тра» includes warm-up exercises that serve as brain-storm activities or a pre-listening advanced organizer, followed by those to be completed after the first viewing («Пе́рвый просмо́тр»). It is suggested that the first viewing be without sound so students can focus on the visuals and animation, notice details, and make predictions about what the cartoon might be about. During the section «Второ́й просмо́тр» students watch the cartoon with sound. The activities for after the second viewing («По́сле просмо́тра») include grammar and speaking exercises («Дава́йте поговори́м») geared to the development of Intermediate and Advanced level discourse. After the last episode there are general questions and assignments that can be used for class discussion or essay topics. In order for students to better comprehend the speech in the cartoons, students should be asked to learn or at least familiarize themselves with the vocabulary list given after each section prior to viewing.

Содержа́ние

«Малыш и Карлсон» (0:00-18:30)

Малыш возвращается домой (0:00-3:26)

До просмотра

1. Вопросы для обсуждения

1. Знаете ли вы писательницу Астрид Линдгрен? Какие её книги вы читали? This cartoon is based on one of her stories. Вы слышали о «Пеппи Длинный чулок»?

2. В этом эпизоде Малыш возвращается домой из школы. Work in groups and write down as many words / objects in Russian as possible that relate to the topic of "city".

_____

_____

_____

_____

_____

_____

3. The first episode of the cartoon introduces the audience to Malysh's family. Think of words that refer to the topic of "family" and "occupation" and write them down in Russian below.

семья́   профéссии

_____   _____

_____   _____

_____   _____

_____   _____

_____   _____

_____   _____

4. У вас есть соба́ка? Вы лю́бите соба́к? Почему́ да и́ли почему́ нет?

5. What are the most common dog names in your country? In Russia the traditional dog names are Ша́рик (ball, balloon), Жу́чка (beetle), Дружо́к (friend), Ту́зик (ace), Полка́н (centaur). Russians also like to give their pets Western human names such as Jesse, Ralph, Jack, Teri, Joy, Frieda. In this cartoon the puppy is called Бо́бик.

Пе́рвый просмо́тр (без зву́ка)

2. Вопро́сы

1. After you watch the episode once, work in groups and see if you can add any other words to your "city" vocabulary list.

2. After you watch the episode once, answer the following questions in Russian:

   (а) Кто тако́й Малы́ш? Опиши́те ма́льчика: кто он, где живёт, что де́лает, како́й он (как он вы́глядит)?

   (б) Опиши́те его́ семью́ (как они́ вы́глядят).

Второ́й просмо́тр (со зву́ком)

3. Кто говори́т сле́дующее? Who says the following? (персона́жи: Малы́ш, ма́льчик на у́лице, ма́ма, па́па, брат, сосе́д)

1. Бо́бик, ко мне! _____

2. Нельзя́ ли вообще́ обойти́сь без дра́ки? _____

3. Любо́й спор мо́жно реши́ть слова́ми. _____

4. А у меня́ никого́ нет, да́же соба́ки. _____

По́сле просмо́тра

4. В како́м поря́дке? Put the following events from this episode in order. There may be events that do not occur in this episode!

_____ Малы́ш возвраща́ется домо́й из шко́лы.

_____ Хозя́ин ма́ленького бе́лого щенка́ дерётся с Малышо́м и́з-за ма́ленького бе́лого щенка́.

_____ Малы́ш ви́дит на у́лице ма́ленького бе́лого щенка́.

_____ Хозя́ин гру́бо разгова́ривает с ма́леньким бе́лым щенко́м.

_____ Вдруг появля́ется хозя́ин ма́ленького бе́лого щенка́.

_____ Хозя́ин хо́чет уда́рить ма́ленького бе́лого щенка́.

_____ Малы́ш подхо́дит к ма́ленькому бе́лому щенку́ и игра́ет с ним.

_____ Малы́ш вступа́ется за ма́ленького бе́лого щенка́.

5. Вопро́сы. Answer the following questions in complete sentences.

1. Кого́ встре́тил Малы́ш по доро́ге домо́й?
2. Почему́ Малы́ш подра́лся?
3. Как отреаги́ровали на э́то роди́тели Малыша́?
4. Почему́ Малы́ш расстро́ен?

6. Упражне́ние. Чего́ / кого́ у вас нет? Malysh says that he does not have a dog. Using the words below say that you don't have the following things. What case is used to express an idea of "lacking" something?

Образе́ц: ру́сская кни́га
            У меня́ нет ру́сской кни́ги.

но́тная тетра́дь	ваш ключ
се́рая ко́шка	дли́нное письмо́
кра́сная маши́на	хоро́шие друзья́
удо́бное кре́сло	хоро́шие соба́ки
мой па́спорт	спи́чки
ста́рший брат	инди́йский слон
хоро́шее вино́	ку́хонные часы́
ма́ленькая канаре́йка	шерстяно́е пла́тье

6a. Упражнéние. Чегó нет? Now say what the following people lack.

Образéц: Малы́ш - собáка
У Малышá нет собáки.

мáма - солóменная шля́па

брат - стáрый мотоци́кл

он - нóвый журнáл

актёр - большóй талáнт

балери́на - терпéние

роди́тели - домáшние тáпочки

онá - егó газéта

мы - театрáльный билéт

ты - надёжный компью́тер

фéрмер - совремéнный трáктор

студéнты - домáшнее задáние

гóсти - подáрки

7. Упражнéние. Look at the construction given in the instructions. What case is used to express that "something can be avoided" or "something can be lived without" обойти́сь (без чегó)? Say what can / cannot be avoided, using the words below.

Образéц: студéнты
На урóке рýсского языкá нельзя́ обойти́сь без студéнтов.

На урóке рýсского языкá нельзя́ обойти́сь без _____.

На урóке рýсского языкá мóжно обойти́сь без _____.

цветы́

словáрь

телефóн

преподавáтель

электри́чество

телеви́зор

кни́ги

семья́

мýзыка

водá

душ

доскá

ýжин

сон

терпéние

труд

рýчки

карандаши́

8. **Упражне́ние.** Imagine that you are going to the Moon and are allowed to take with you only five things from the list below. Work in pairs and discuss why you would choose certain items over the others on your space trip. Be ready to justify your answer.

> Я полечу́ на Луну́ и возьму́ с собо́й ....
> На Луне́ нельзя́ обойти́сь без ....., потому́ что .....

Possible items are спи́чки, све́чи, видеока́мера, поду́шка и одея́ло, вода́, телефо́н, консе́рвы, нож, скафа́ндр, мы́ло, шампу́нь.

Дава́йте поговори́м

9. We can guess that a conversation occurred between Malysh and the boy in the street. What could their conversation be about? Create a dialogue that takes place between Malysh and the boy in the street. You can use the words from the vocabulary list for this section.

10. Imagine that you are Malysh and your elder brother wants to find that boy who beat you up. Describe to your brother in as much detail as possible how the offender looked (appearance and what he was wearing). You can use the character description vocabulary given in the Appendix.

11. Malysh's mother tells him that any quarrel can be resolved without a fight but with words («мо́жно обойти́сь без дра́ки, и что любо́й спор мо́жно реши́ть слова́ми»). Вы с ней согла́сны, что Малы́ш мог обойти́сь без дра́ки? Почему́ вы так ду́маете? Do you agree that Malysh could have avoided a fight? Explain why you think so.

Слова́рь

обходи́ться / обойти́сь без (чего́) - *to manage without*
дра́ка - *fight*

дра́ться / подра́ться - *to fight*
спор - *quarrel*
реша́ть / реши́ть - *to solve, to decide*

Малы́ш знако́мится с Ка́рлсоном (3:27-6:49)

Пе́рвый просмо́тр (без зву́ка)

1. Вопро́сы. Watch the episode without sound and answer the following questions in Russian.

1. Как вы ду́маете, кто тако́й Ка́рлсон?
2. Что вы о нём узна́ли?
3. Как вы ду́маете, у него́ есть семья́? Кака́я она́?
4. Как вы ду́маете, где он живёт, что он де́лает, что лю́бит есть?
5. Опиши́те Ка́лсона. Кака́я у него́ вне́шность: глаза́, во́лосы, рост, фигу́ра, во что́ он одёт?

Второ́й просмо́тр (со зву́ком)

2. Кто говори́т сле́дующее? Who says the following? (персона́жи: Малы́ш, Ка́лсон, роди́тели)

1. Прости́те, у вас мо́жно тут приземли́ться? _____
2. Что, что! Поса́дку дава́й! _____
3. Так, продолжа́ем разгово́р! _____
4. На́до вот так! _____
5. Я мужчи́на хоть куда́, в по́лном расцве́те сил! _____
6. Не бу́дем об э́том говори́ть! _____
7. Мо́жно нажа́ть? _____
8. Тащи́! _____
9. Со мно́й не соску́чишься! _____
10. Она́ всё-таки упа́ла! _____
11. Вдре́безги. _____
12. Пустяки́. Э́то де́ло-то жите́йское. _____
13. Споко́йствие, то́лько споко́йствие. _____
14. Представля́ю, как рассе́рдится па́па. _____

По́сле просмо́тра

3. В како́м поря́дке? Put the following events from this episode in order. There may be events that do not occur in this episode!

_____ Ка́рлсон загля́дывает в ко́мнату Малыша́ че́рез окно́.

_____ Малы́ш сиди́т на окне́ о́чень расстро́енный.

_____ Ка́рлсон залета́ет в ко́мнату к Малышу́.

_____ Ка́рлсон знако́мится с Малышо́м.

_____ Малы́ш прино́сит Ка́рлсону ба́нку варе́нья.

_____ Малы́ш слы́шит стра́нный звук за окно́м.

_____ Лю́стра па́дает.

_____ Ка́рлсон улета́ет.

_____ Ка́рлсон виси́т на лю́стре.

_____ Ка́рлсон предлага́ет Малышу́ пошали́ть.

4. Вопро́сы. Answer the following questions in complete sentences.

1. Как Малы́ш познако́мился с Ка́рлсоном?

2. Что случи́лось в ко́мнате Малыша́, когда́ там был Ка́рлсон?

5. Упражне́ние. Ка́рлсон говори́т Малышу́, что за́втра он принесёт 10 ты́сяч но́вых люстр. Finish Karlson's promise by putting the phrases below in the correct form according to the number they follow:

Образе́ц: 35 - мо́дная ке́пка

Ка́рлсон говори́т Малышу́, что за́втра он принесёт ему́ 35 мо́дных ке́пок.

Ка́рлсон говори́т Малышу́, что за́втра он принесёт ему́ _____

51 - африка́нская марты́шка

2 - краси́вая лю́стра

54 - кра́сный каранда́ш

33 - большо́й стул

18 - дешёвый стол

19 - ма́ленькая карти́на

65 - интере́сная кассе́та

92 - мя́гкое кре́сло

109 - дли́ннное письмо́

230 - кру́глое зе́ркало

6. Упражнéние. Imperatives! As you remember, Karlson asks Malysh to bring a lot of sweets. What does he say when he wants Malysh to do something? Put the following verbs in parentheses in the imperative form:

Образéц: Малы́ш, (купи́ть) велосипéд!
          Малы́ш, купи́ велосипéд!

Кáрлсон говори́т:

1. Малы́ш, (давáть) конфéты! _____
2. Малы́ш, (нести́) варéнье! _____
3. Малы́ш, (продолжáть) разговóр! _____
4. Малы́ш, (говори́ть) со мной! _____
5. Малы́ш, (читáть) мне кни́гу! _____
6. Малы́ш, (написáть) запи́ску мáме! _____
7. Малы́ш, (сади́ться) на дивáн! _____
8. Малы́ш, (брать) торт! _____
9. Малы́ш, (дéлать) урóки! _____
10. Малы́ш, (идти́) спать! _____
11. Малы́ш, (смотрéть) телеви́зор! _____
12. Малы́ш, (гуля́ть) с собáкой! _____
13. Малы́ш, (помогáть) мне! _____

7. Упражнéние. Imagine that you are Karlson. What else might you ask Malysh to do for you? Write your four requests below.

1. _____
2. _____
3. _____
4. _____

8. **Упражне́ние. Ску́чно. Соску́читься.** Как вы ду́маете, <u>Малышу́ ску́чно</u> без Ка́рлсона? (Ску́чно + Dative). Using the words below say who might be bored and who might not be bored at the following places, and why.

Образе́ц: - Кому́ ску́чно / неску́чно на ле́кции по филосо́фии?
              - *Мне не скучно на ле́кции по филосо́фии, потому́ что*
                э́то моя́ специа́льность.

Кому́ ску́чно / неску́чно на ле́кции по филосо́фии? Почему́?

Кому́ ску́чно / неску́чно на рок-конце́рте? Почему́?

я	мы	Ле́на	Ко́стя	их де́душка
ты	вы	О́ля	Ива́н	ста́рший брат
он / она́	они́	И́горь	наш сосе́д	мла́дшая сестра́

8a. Вы <u>скуча́ете / соску́чились по</u> до́му и по семье́? What case does this phrase take?

Using the construction above, write what five things or people you miss when you are away from home.

1. _____

2. _____

3. _____

4. _____

5. _____

Дава́йте поговори́м

9. **Что произошло́ у вас в ко́мнате?** You are Malysh. Your parents heard some noise and ran into your room. Tell them in every detail what exactly happened in there. Start your story with the words: де́ло в том, что.... , use the following time expressions in your narration: снача́ла and пото́м, and use the words and phrases from the vocabulary list for this section.

10. **Но́вый друг.** Your parents want to know more about your new friend Karlson. What is your first impression of him (his appearance and his personality)? Would you like to continue being friends with him? Explain why or why not. Use the following expressions in your response: мне ка́жется, наприме́р, несомне́нно.

Слова́рь

да́же - *even*

огля́дываться / огляну́ться - *to look around*

загля́дывать / загляну́ть в окно́ - *to look into the window*

хва́статься (чем) пе́ред (кем) - *to boast*

пропе́ллер - propeller

приземля́ться / приземли́ться - *to land*

чего́? - что?

поса́дка - *landing*

я ослабева́ю - *I am becoming weak*

продолжа́ть / продо́лжить (разгово́р) - *to continue (the conversation)*

на́до вот так - *that's how it should be done!*

кры́ша - *roof*

ну, вот - *so*

я мужчи́на хоть куда́, в по́лном расцве́те сил - *I am good for anything, in the "full blossom of my strength" (productive prime)*

во́зраст - *age*

не бу́дем об э́том говори́ть - *let's not talk about it*

жать / нажа́ть на (что) - *to push, to press something*

валя́й, жми! - *go ahead, push!*

варе́нье - *jam*

тащи́ = неси́ - *bring! (coll.)*

ух ты! - *wow!*

мяч - *ball*

лю́стра - *chandelier*

скуча́ть / соску́читься по (кому́) - *to miss someone*

скуча́ть - *to be bored*

со мно́й не соску́чишься - *one cannot be bored when I am around*

мне ску́чно - *I am bored*

шали́ть, ба́ловаться - *to be naughty, to misbehave*

па́дать / упа́сть - *to fall*

она́ всё-таки упа́ла - *after all it fell*

че́стное сло́во - *honestly*

вдре́безги - *into small pieces*

э́то де́ло-то жите́йское - *this a mundane matter / that's life*

споко́йствие - *stay calm*

представля́ть / предста́вить - *to imagine*

серди́ться / рассерди́ться на (кого́) - *to get mad*

я полете́л - *I am leaving (I am flying away)*

Малы́ш и семья́ (6:50-8:20)

До просмо́тра

1. **Wedding and marriage.** Find English equivalents to the following words and phrases.

   выходи́ть / вы́йти за́муж (за кого́)

   де́лать / сде́лать предложе́ние (кому́)

   жена́

   жени́ться (на ком)

   жени́х

   муж

   неве́ста

   пожени́ться

   помо́лвка

   разводи́ться / развести́сь (с кем)

   сва́дьба

Пе́рвый просмо́тр (без зву́ка)

2. Watch the episode without sound and answer the following question in Russian.

   Как вы ду́маете, о чём Малы́ш говори́т с ма́мой, когда́ вся семья́ ухо́дит?

Второ́й просмо́тр (со зву́ком)

3. **Кто говори́т сле́дующее?** Who says the following? (персона́жи: Ка́рлсон, Малы́ш, ма́ма, па́па, брат)

   1. За свои́ посту́пки на́до отвеча́ть, а не сва́ливать вину́ на како́го-то Ка́рлсона. _____

   2. От его́ жены́ я тебя́ изба́влю. _____

   3. Мне гора́здо бо́льше хоте́лось бы име́ть соба́ку, чем жену́. _____

По́сле просмо́тра

4. Вопро́сы. Answer the following questions in complete sentences.

  1. Почему́ Малы́ш стои́т в углу́? За что он нака́зан?

  2. Как вы ду́маете, куда́ идёт семья́ Малыша́, когда́ он нака́зан?

  3. Чего́ бои́тся Малы́ш, когда́ он вы́растет?

5. Упражне́ние. Почему́ Малы́ш был нака́зан роди́телями? Finish the sentence below by inserting the necessary verb from the word bank.

Word Bank

> ба́ловаться (usually not Perf.) (чем)
> дра́ться / подра́ться (с кем)
> загля́дывать / загляну́ть (во что)
> дать / отда́ть (что кому́)
> хва́статься / похва́статься (чем пе́ред кем)
> лома́ть / слома́ть (что)

Малы́ш нака́зан (стои́т в углу́) за то, что он

_____ (fought with a boy)

_____ (looked into the window)

_____ (boasted of his dog in front of friends)

_____ (gave jam to Karlson)

_____ (misbehaved)

_____ (broke a chandelier)

6. Упражне́ние. Verbs of Placing. Insert the verbs (given below) based on the context in their required grammatical form in the text below. As you go through the verb list, note which verbs describe being in a position (где), and which describe putting something or someone into a position (что / кого́, куда́).

стоя́ть - *to stand* (где)

встава́ть / вста́ть - *to get up*

лежа́ть - *to lie (be lying down)* (где)

ложи́ться / лечь - *to lie down* (куда́)

сиде́ть - *to sit* (где)

сади́ться / сесть - *to sit down* (куда́)

сади́ть, сажа́ть / посади́ть - *to seat, plant* (что / кого́, куда́) класть / положи́ть - *to put (into a lying position)* (что куда́)

ста́вить / поста́вить - *to put (into a standing position)* (что куда́)

висе́ть - *to hang (be hanging)* (где)

ве́шать / пове́сить - *to hang something* (что куда́)

Ве́чером ма́ма пригото́вила у́жин, и все _____ (sat down) за стол. Малы́ш был о́чень расстро́ен, что у него́ нет соба́ки, поэ́тому он _____ (got up) и́з-за стола́ и пошёл к себе́ в ко́мнату. Там он уви́дел игру́шечного медве́дя и _____ (sat) его́ на окно́ ря́дом с собо́й. Пото́м он уви́дел игру́шечную маши́ну и _____ (put) её то́же на окно́. Когда́ Малы́ш _____ (was sitting) на окне́, он вдруг услы́шал стра́нный звук. Э́то был Ка́рлсон. Он _____ (was hanging) на окне́ и загля́дывал в окно́ к Малышу́. Малы́ш подви́нулся, и Ка́рлсон _____ (sat) на окно́. Пото́м Ка́рлсон _____ (put) но́гу на́ ногу и на́чал разгова́ривать. По́сле э́того он предложи́л Малышу́ поигра́ть и пошали́ть. Ка́рлсон _____ (sat) на коня́ и полете́л вверх. Пото́м он упа́л на мяч, мяч ло́пнул, и Ка́рлсон улете́л на лю́стру. Там он _____ (hang). Лю́стра упа́ла. Был шум! Когда́ Малы́ш уви́дел Ка́рлсона, он уже́ _____ (was lying) на полу́. Малы́ш сказа́л, что тепе́рь он бои́тся, что ска́жет па́па, потому́ что ма́ма _____ (has hung) но́вую лю́стру неде́лю наза́д. Дверь откры́лась, и в ко́мнату вошли́ роди́тели. Они́ наказа́ли Малыша́ и _____ (put) его́ в у́гол.

7. **Упражне́ние.** Малы́ш бои́тся, что ему́ придётся жени́ться на жене́ своего́ ста́ршего бра́та. Чего́ боя́тся э́ти лю́ди? In what case is the object / subject of one's fears?

Образе́ц: он / пауки́
            Он бои́тся пауко́в.

он / пау́к

вор / поли́ция

Ле́на / тарака́ны

де́ти / монстр

я / ко́шка

я / живо́тные

роди́тели / экономи́ческие рефо́рмы

И́горь / темнота́

сестра́ / мы́ши

ты / инфе́кции

мы / высота́

вы / тру́дность

они́ / враги́

7a. А чего́ боя́тся студе́нты в ва́шем кла́ссе? Спроси́те 5 студе́нтов, чего́ они́ боя́тся, и расскажи́те об э́том кла́ссу.

Дава́йте поговори́м

8. Watch the segment again with the sound off and provide the voices yourself. One of you will be Malysh. One of you will be his mother.

9. Retell the story in the past tense from the point of view of the elder brother, mother, father or Malysh.

10. Чего́ вы боя́лись в де́тстве? What were you scared of when you were a child, and why were you scared of those things? Use the following expressions in your story: из-за того́ что, когда́, поэ́тому.

11. Вы когда́-нибудь попада́ли в тру́дную ситуа́цию и́ли в ситуа́цию, за кото́рую вас роди́тели наказа́ли? Tell in detail what happened and why you were punished. Use the words from the vocabulary list for this section.

Слова́рь

пустя́к - *trifle*

стоя́ть в углу́ - *to stand in the corner (to be punished)*

ста́вить / поста́вить (кого́ / что) в у́гол - *to put someone into the corner (to punish)*

отвеча́ть / отве́тить за свои́ посту́пки - *to be responsible for one's actions*

вина́ - *fault, blame*

винова́т (винова́та), быть винова́тым (винова́той)- *to be guilty for*

сва́ливать вину́ на (кого́) - *to blame somebody for your own actions*

дона́шивать / доноси́ть- *to wear clothes after someone else*

обеща́ть / пообеща́ть (кому́ что) - *to promise*

избавля́ть / изба́вить (кого́) от (чего́) - *to rescue, to save someone from something*

вообще́-то - *in general*

Ка́рлсон и Малы́ш полете́ли на кры́шу
(8:20-11:55)

До просмо́тра

1. Вопро́сы.

1. When were you sick last? Did you go to the doctor? What was the problem?

2. In groups come up with as many words in Russian as you can that refer to the topic of "health" or "the doctor's office."

Пе́рвый просмо́тр (без зву́ка)

Watch the episode without sound.

2. Ве́рно (+) и́ли неве́рно (-)? True (+) or False (-)?

_____ Ка́рслон принёс Малышу́ варе́нье.

_____ Малы́ш заболе́л.

_____ Ка́рлсон съел ба́нку варе́нья.

_____ Ка́рлсон повёз Малыша́ к себе́ в го́сти.

_____ Малы́ш лете́л на ше́е Ка́рлсона.

_____ У Ка́рлсона большо́й дом.

_____ Ка́рлсон живёт с семьёй.

Второ́й просмо́тр (со зву́ком)

3. Кто говори́т сле́дующее? Who says the following? (персона́жи: Малы́ш, Ка́рлсон, брат, роди́тели)

1. Ма́ма мне стро́го - на́строго запрети́ла тро́гать варе́нье. _____

2. Я са́мый тяжело́ больно́й. _____

3. А ра́зве э́то помога́ет? _____

4. Сверши́лось чу́до, друг спас жизнь дру́га! _____

5. А тепе́рь нам полага́ется пошали́ть. _____

По́сле просмо́тра

4. Вопро́сы. Answer the following questions in complete sentences.

1. Что случи́лось, когда́ все ушли́, и Малы́ш оста́лся до́ма оди́н?

2. Почему́ Ка́рлсон говори́т, что Малы́ш до́лжен стать ему́ родно́й ма́терью?

3. Куда́ и почему́ Ка́рлсон пригласи́л Малыша́?

4. Что произошло́ на кры́ше в до́ме у Ка́рлсона? Как Малы́ш вы́лечил дру́га?

5. Что и зачём Малы́ш с Ка́рлсоном реши́ли де́лать по́сле того́, как Ка́рлсон вы́здоровел?

5. Письмо́. Пе́ред тем как Малы́ш улете́л к Ка́рлсону в го́сти, он написа́л роди́телям запи́ску:

Пра́вильно ли Малы́ш её написа́л? Каки́е там есть оши́бки?

6. Упражне́ние. Karlson asked Malysh to bring certain remedies with him, however some of them were missing. Say what else is missing in the following places:

Образе́ц: дом / дива́н
            В до́ме нет дива́на.

ва́за / цветы́	дома́ / о́кна
буты́лка / вода́	ку́хня / холоди́льник
шко́лы / компью́теры	коро́бка / конфе́ты
ко́мната / стол	холоди́льник / проду́кты
го́род / музе́и	кабине́ты / сту́лья
библиоте́ки / журна́лы	ба́нка / варе́нье

7. **Упражне́ние.** Karlson asks Malysh to become his mother «стать ма́терью». What do the following people want to become?

Образе́ц: Малы́ш / ветерина́р
            Малы́ш хо́чет стать ветерина́ром.

Ле́на / архите́ктор	я / худо́жник	мы / писа́тель
Ви́тя / меха́ник	вы / моря́к	он / врач
ты / судья́	они́ / актёры	она́ / учи́тельница

7а. А кем хотя́т стать студе́нты в ва́шем кла́ссе? Почему́? Каки́е ка́чества должны́ они́ име́ть, что́бы стать, кем они́ хотя́т? Почему́ и́менно таки́е ка́чества? (Спроси́те 2 студе́нтов в ва́шем кла́ссе и расскажи́те всем, что вы узна́ли).

7б. Как вы ду́маете, кака́я са́мая прести́жная профе́ссия сего́дня и почему́?

8. **Упражне́ние. Анто́нимы.** Напиши́те анто́нимы к сле́дующим слова́м из э́того эпизо́да. The Word Bank is given below.

Word Bank

быть серди́тым	встать	задава́ть вопро́с
зака́нчивать	мир	разводи́ться
разреши́ть	улете́ть	

продолжа́ть   _____

упа́сть   _____

быть споко́йным   _____

отвеча́ть   _____

прилете́ть   _____

запрети́ть   _____

лечь   _____

жени́ться   _____

дра́ка   _____

9. **Упражне́ние. Aspect review.** Запо́лните про́пуски. Fill in the blanks with an appropriate word from the list below.

жать / нажа́ть   продолжа́ть / продо́лжить

па́дать / упа́сть   серди́ться / рассерди́ться

приземля́ться / приземли́ться   шали́ть / пошали́ть

1. Ка́рлсон спроси́л у Малыша́ : «Мо́жно здесь _____ ?»

2. Ка́рлсон съел ба́нку варе́нья и _____ разгово́р.

3. Малы́ш спроси́л Ка́рлсона: «Мо́жно я нажму́ кно́пку?» Ка́рлсон отве́тил: «_____!»

4. Ка́рлсон о́чень лю́бит _____.

5. Когда́ лю́стра _____, Малы́ш сказа́л, что па́па о́чень _____.

6. Но Ка́рлсон отве́тил Малышу́: «Не _____! Я то́же _____ . Дава́й _____ игра́ть.»

7. «Нет», - сказа́л Малы́ш, - «лу́чше не на́до _____.

10. **Упражне́ние. «Сдаётся кварти́ра со все́ми удо́бствами. Обраща́ться к Ка́рлсону».** Вы - Ка́рлсон. Вы улета́ете на ле́то к ба́бушке и хоти́те сдать ваш дом в аре́нду. Напиши́те объявле́ние, в кото́ром вы предлага́ете свой дом на ле́то, и опиши́те ваш дом так, что́бы други́е захоте́ли его́ снять.

Сдаётся кварти́ра со все́ми удо́бствами. _____

_____

_____

_____

_____

_____

_____

_____

_____

_____

Обраща́ться к Ка́рлсону.

Дава́йте поговори́м

11. Imagine that your friend is not feeling well today. You want to help him/her feel better. Create a dialogue in which your friend is sick and asks for your help. You as a good friend want to help him/her to get better. In your dialogues describe the symptoms and the remedies to be used.

12. Расскажи́те о ва́шем интере́сном и необыкнове́нном путеше́ствии и́ли о како́м-нибудь интере́сном и́ли необыкнове́нном слу́чае из жи́зни.

13. Расскажи́те о ва́шем дру́ге. Где и как вы с ним познако́мились? Почему́ он вам понра́вился / она́ понра́вилась? Како́й он / она́ по хара́ктеру и по вне́шности? You can use the character description vocabulary given in the Appendix.

Слова́рь

как здо́рово! - *How great!*

стро́го-на́строго запрети́ть - *strictly to forbid*

тро́гать / тро́нуть - *to touch*

га́дкий - *nasty*

проти́вный - *unpleasant*

ты до́лжен стать мне родно́й ма́терью - *you should become my mother*

ты бо́лен? - *are you sick?*

посте́ль (f) - *bed*

лечь в посте́ль - *to lay in bed*

как ты себя́ чу́вствуешь? - *how do you feel?*

са́мый больно́й в ми́ре челове́к - *the sickest person in the world*

мне бо́льше ничего́ не на́до кро́ме (кого́ / чего́) - *I need nothing but...*

конфе́ты - *candies*

забыва́ть / забы́ть о (чём) - *to forget*

брать / взять - *to take, to bring along*

оставля́ть / оста́вить - *to leave behind, to forget*

на ше́ю не дави́ - *do not push on my neck*

добро́ пожа́ловать, дорого́й друг - *welcome, my dear friend*

заходи́ - *come in*

ты мне всю ше́ю отсиде́л - *you put my neck to sleep*

собира́ться (+ infinitive) - *to be going to do something*

лека́рства - *remedies*

там ещё оста́лось варе́нье? - *is there any jam left?*

немно́жечко, чуть-чуть - *a little bit*

совсе́м не - *not at all*

ни ка́пельки - *not a bit / "not a drop"*

жаль - *it is a pity*

сверши́лось чу́до, друг спас жизнь дру́га - *a miracle happened. A friend saved his friend's life*

мне полага́ется пошали́ть - *it is proper for me to be naughty*

заче́м - *why? what for?*

иска́ть приключе́ний - *to look for adventures*

Ка́рлсон и жу́лики (11:56-14:25)

До просмо́тра

В э́той ча́сти появля́ются но́вые геро́и. Вот их фотогра́фии.

1. Вопро́сы.

1. Как вы ду́маете, кто они́, что они́ де́лают?
2. Каки́е они́ по вне́шности и по хара́ктеру? (Working in groups come up with as many characteristics as possible. Compare your list with the lists created by other groups).

Пе́рвый просмо́тр (без зву́ка)

2. Watch the episode. Were your predictions about the new characters correct?

Второ́й просмо́тр (со зву́ком)

3. Ве́рно (+) и́ли неве́рно (-)? True (+) or False (-)?

1. Малы́ш и Ка́рлсон уви́дели на кры́ше жу́ликов. ____
2. Жу́лики кра́ли магнитофо́ны. ____
3. Ка́рлсон сказа́л Малышу́, что ему́ стра́шно. ____
4. Ка́рлсон ду́мает, что са́мое лу́чшее сре́дство от жу́ликов - э́то привиде́ние. ____
5. Когда́ жу́лики уви́дели привиде́ние, они́ не испуга́лись, а рассмея́лись. ____

4. Кто говори́т сле́дующее? Who says the following? (персона́жи: Малы́ш, Ка́рлсон, жу́лики, поли́ция).

1. Пойдём погуля́ем по кры́шам! _____
2. Иска́ть приключе́ний. _____
3. Тебе́ стра́шно? _____
4. Начина́ем воспита́тельную рабо́ту. _____
5. Что вы орёте, круго́м лю́ди спят. _____
6. Броса́й бельё! _____
7. Что́-то мне домо́й захоте́лось. _____
8. Мне спать давно́ пора́. _____

По́сле просмо́тра

5. Вопро́сы. Answer the following questions in complete sentences.

1. Как отреаги́ровал Ка́рлсон, когда́ он уви́дел жу́ликов? Он испуга́лся? Что он сде́лал и почему́?
2. Как отреаги́ровал Малы́ш на поведе́ние Ка́рлсона? Что он де́лал и почему́?
3. Как вы ду́маете, почему́ Ка́рлсон реши́л улете́ть, когда́ пожа́рники прие́хали за Малышо́м?

6. Упражне́ние. Karlson invites Malysh to take a walk along the roofs. He says: «Малы́ш, пойдём погуля́ем по кры́шам!». You have a guest from another town. Invite your guest to do five things with you in your city / town, using the construction Пойдём + perfective future.

1. _____
2. _____
3. _____
4. _____
5. _____

7. Упражне́ние. Match the following verbs in the left column with their antonyms on the right. The right column has one verb with no match.

ора́ть	пла́кать
хохота́ть	молча́ть
расстава́ться	встреча́ться
теря́ть	уходи́ть
	находи́ть

8. Упражне́ние. In the table below write the 1st (я) and 2nd (ты) singular and 3rd (они́) plural form of the verbs provided.

	1st singular	2nd singular	3rd plural
ора́ть	_____	_____	_____
хохота́ть	_____	_____	_____
расстава́ться	_____	_____	_____
теря́ть	_____	_____	_____
пла́кать	_____	_____	_____
молча́ть	_____	_____	_____
встреча́ться	_____	_____	_____
уходи́ть	_____	_____	_____
находи́ть	_____	_____	_____

9. Упражне́ние. Insert the verbs from above into the spaces below. Make all the necessary grammatical (agreement and aspect) changes.

(а) Когда́ нам смешно́, мы _____. Когда́ нам гру́стно, мы _____. Когда́ нам не́чего сказа́ть, мы _____, а когда́ нам стра́шно, мы _____.

(б) - Ве́ра, ты не ви́дела мой ключ? Я не зна́ю, где он. Его́ нигде́ нет.
- Да, ты его́ _____ на у́лице. Я _____ его́ о́коло на́шего до́ма.

10. Упражне́ние. Expressing fears

- transitive verb

    пуга́ть / напуга́ть (испуга́ть) (кого́) - *to scare someone*

    Не пуга́й пти́цу!
    Do not scare the bird!

- intransitive reflexive

    боя́ться / испуга́ться (кого́ / чего́) - *to fear, to be scared of someone /*
    something

    Я бою́сь привиде́ний.
    Я испуга́лся (испуга́лась) привиде́ний.
    I became scared of ghosts.

- subjectless construction that does not require specification as to
  what someone is afraid of.

    Мне стра́шно.
    I am scared, I am afraid.

10a. Fears. Переведи́те предложе́ния.

1. I am scared. Are you scared?

    _____

2. Karlson is not scared.

    _____

3. His parents are scared.

    _____

4. Do not be scared. Do not yell.

    _____

5. It is Karlson. He scared thieves.

    _____

6. I am a child. Children are afraid of ghosts.

    _____

7. Thieves were very scared of the ghost.

    _____

8. Mom and Dad! Don't worry, I am on the roof with Karlson.

    _____

11. Упражне́ние. Karlson just flew in from England and has forgotten some Russian. Help him say the following phrases using the words and phrases from the vocabulary list for this episode.

1. I really feel like going to bed.

   _____

2. It is time to go bed.

   _____

3. I really feel like eating.

   _____

4. It is time to cook dinner.

   _____

5. So long. I am leaving.

   _____

6. Do not spend too much time at work. Come home earlier.

   _____

Дава́йте поговори́м

12. Перескажи́те эпизо́д от лица́ жу́ликов. Как и почему́ вам бы́ло стра́шно? Use the following expressions in your story: снача́ла; пото́м; когда́; в то вре́мя как; как оказа́лось; ме́жду тем.

13. Расскажи́те о слу́чае в ва́шей жи́зни, когда́ вы о́чень си́льно испуга́лись.

14. Мы посмотре́ли, как Малы́ш и Ка́рлсон прово́дят свобо́дное вре́мя. А как прово́дите вы своё свобо́дное вре́мя?

Слова́рь

жу́лик - *thief*

замышля́ть (usually Imperf.)
   преступле́ние - *to plan a crime*

тебе́ стра́шно? - *Are you scared?*

начина́ть воспита́тельную рабо́ту
   - *to begin educational work*

ди́кое привиде́ние - *wild ghost*

ора́ть - *to yell*

что вы орёте? - *why are you
   screaming?*

круго́м лю́ди спят - *people around
   are sleeping*

настига́ть / насти́гнуть - *to catch
   up to*

хохота́ть = смеяться - *to laugh*

броса́й бельё! - *throw the linen*

сре́дство от жу́ликов - *thieves
   repellant*

пожа́рник - *fire-fighters*

кара́бкаться - *to climb*

что́-то мне вдруг так домо́й
   захоте́лось - *For some reason I
   just really feel like going home.*

я задержа́лся с тобо́й - *I stayed with
   you for too long, I spent too much
   time with you.*

мне пора́ спать - *It is time for me to
   go to bed.*

Будь здоро́в, Малы́ш! Я пошёл -
   See you, Malysh. I am leaving.

Малы́ш до́ма в крова́ти (14:25-18:30)

Пе́рвый просмо́тр (без зву́ка)

1. Вопро́сы.

As you watch the episode for the first time without sound, answer the following questions in Russian.

1. Како́й пра́здник у Малыша́?
2. Како́й пода́рок он получи́л?
3. Кто пришёл к Малышу́ на пра́здник?

Второ́й просмо́тр (со зву́ком)

2. Ве́рно (+) или неве́рно (-)? True (+) or False (-)?

1. Роди́тели Малыша́ не беспоко́или, что он был на кры́ше. _____
2. Малы́ш хо́чет щенка́. _____
3. На то́рте бы́ло две све́чки. _____
4. Малы́ш не́ был рад, что Ка́рлсон прилете́л к нему́ на день рожде́ния. _____
5. Ка́рлсон ду́мает, что сча́стье не в пирога́х. _____

3. Кто говори́т сле́дующее? Who says the following? (персона́жи: Малы́ш, Ка́рлсон, ма́ма, па́па)

1. Как же ты нас напуга́л. _____
2. Что бы́ло бы, е́сли бы ты упа́л с кры́ши? _____
3. Что бы́ло бы, е́сли бы мы тебя́ потеря́ли? _____
4. Ну, я так не игра́ю. _____
5. Я к тебе́ прилете́л на День Варе́нья-Рожде́нья. _____
6. Ты что, не рад? _____
7. Чем бу́дешь угоща́ть? _____
8. Ты что, с ума́ сошёл? _____

По́сле просмо́тра

4. Вопро́сы. Answer the following questions in complete sentences.

1. Почему́ Малы́ш но́чью не мог спать и пришёл к отцу́?

2. Как Ка́рлсон отреаги́ровал на пода́рок Малышу́? Почему́ он так отреаги́ровал?

3. Почему́ Ка́рлсон улете́л? Что он чу́вствовал?

4. Что бы сде́лали вы, е́сли бы вы бы́ли на ме́сте Ка́рлсона?

5. Упражне́ние. Reflexives. Ма́ма Малыша́ говори́т, что они́ о́чень беспоко́ились из-за того́, что Малы́ш был на кры́ше. Э́то зна́чит, что Малы́ш беспоко́ил роди́телей. The following verbs can have both forms: with / without -ся. What difference does -ся make? Choose the correct form of the verbs in the sentences below.

1. начина́ть / начина́ться

    а. Фильм (начина́ет / начина́ется) в 10 часо́в.

    б. Учи́тель (начина́ет / начина́ется) уро́к в 10 часо́в.

2. (за)хоте́ть / (за)хоте́ться

    а. Ка́рлсон (хо́чет / хо́чется) съесть торт.

    б. Ка́рлсону (хо́чет / хо́чется) спать.

3. напуга́ть / напуга́ться *or* испуга́ть / испуга́ться

    а. Привиде́ние (испуга́ло / испуга́лось) жу́ликов.

    б. Жу́лики (напуга́ли / напуга́лись) привиде́ния.

4. задержа́ть / задержа́ться

    а. Извини́те, что я (задержа́л / задержа́лся). На доро́ге была́ про́бка (*traffic jam*).

    б. Извини́те, что я вас (задержа́л / задержа́лся). Мне о́чень ну́жно бы́ло с ва́ми поговори́ть.

5. (по)теря́ть / (по)теря́ться

    а. Ключ (потеря́л / потеря́лся).

    б. Малы́ш (потеря́л / потеря́лся) ключ.

6. огорча́ть / огорча́ться

    а. Твои́ слова́ (огорча́ют / огорча́ются) меня́.

    б. Малы́ш (огорчи́л / огорчи́лся), когда́ ему́ на день рожде́ния не подари́ли соба́ку.

7. встреча́ть / встреча́ться

    а.   Малы́ш и Ка́рлсон ста́ли друзья́ми. Они́ ча́сто (встреча́ли / встреча́лись) и игра́ли.

    б.   По доро́ге домо́й Малы́ш (встре́тил / встре́тился) ма́ленького бе́лого щенка́.

    в.   По доро́ге домо́й Малы́ш (встре́тил / встре́тился) со взро́слым ма́льчиком.

8. беспоко́ить / беспоко́иться

    а.   Роди́тели о́чень си́льно (беспоко́или / беспоко́ились), когда́ узна́ли, что Малы́ш на кры́ше.

    б.   Ка́рлсон говори́т, что с ним никогда́ и ни о чём не на́до (беспоко́ить / беспоко́иться).

    в.   Не (беспоко́й / беспоко́йся) его́, он уста́л.

9. роди́ть / роди́ться

    а.   Малы́ш (роди́л / роди́лся) 8 лет наза́д.

    б.   На́ша соба́ка (родила́ / родила́сь) трёх щенко́в.

Not all verbs can form such pairs. Look at the following verbs: смея́ться, расстава́ться, появля́ться. These verbs are *always* reflexive! What other reflexive verbs can you name?

6. Упражне́ние. Угоща́ть (*to treat* - in the sense of "to present someone an item of food"). Malysh treated Karlson to a birthday cake. What do the following people treat their guests to?

Образе́ц: Малы́ш / Ка́рлсон / то́рт
            Малы́ш угоща́ет Ка́рлсона то́ртом.

1. Ба́бушка / внук / я́блочный пиро́г.

    _____

2. Друзья́ / я / жа́реная карто́шка с мя́сом.

    _____

3. По́вар / подру́га / тёплые бу́лочки с джемо́м.

    _____

4. Я / сосе́ди / вку́сные бутербро́ды.

    _____

5. Вы / го́сти / ру́сская колбаса́ с горчи́цей.

_____

6. Хуа́н / Мари́я / бобо́вый суп.

_____

7. **Упражне́ние.** Fill in the blanks using the phrases and words from the vocabulary list for this episode.

М: Ка́рлсон, я о́чень _____ (happy), что ты _____ (flew) ко мне на день рожде́ния!

К: О! Как здо́рово! Малы́ш, у тебя́ для меня́ _____ (pie) с восемью́ _____ (candles)!

М: Да, но _____ (happiness isn't in pies).

К: Малы́ш, _____(my gosh), ты что, _____ _____(have you lost your mind)?

М: Нет, _____ (I am sad). Роди́тели не подари́ли мне _____ (puppy).

8. **Упражне́ние.** Как вы ду́маете, Ка́рлсон вернётся? Что бу́дет да́льше? In groups write the next episode of Karlson and act it out in class.

9. **Упражне́ние. «Ка́рлсон! Я тебя́ ищу́! Прилета́й!...»** Karlson left and nobody knows if he is coming back. You are Malysh, and you decided to announce on the radio that you are looking for your friend Karlson. By now you have known Karlson for a while and can describe his appearance and personality in detail. Create the announcement including the detailed description of his appearance and personality. You can use the character description vocabulary given in the Appendix.

Дава́йте поговори́м

10. Вы когда́-нибудь получа́ли щенка́ на день рожде́ния? Како́го? Как вы ду́маете, соба́ка - э́то хоро́ший пода́рок? Почему́ вы так ду́маете?

11. Каки́е пода́рки вы лю́бите получа́ть и почему́?

12. Каки́е пода́рки на́до дари́ть? Поле́зные и́ли хоть каки́е? Почему́ вы так ду́маете? Use the following expressions in your response: по-мо́ему; во-пе́рвых; во-вторы́х; поэ́тому.

13. Как вы отмеча́ете день рожде́ния и́ли како́й-нибу́дь друго́й пра́здник? (Как вы отмеча́ли свой про́шлый день рожде́ния и́ли како́й-нибу́дь друго́й пра́здник?) Расскажи́те об э́том подро́бно.

14. Чем вы угоща́ете госте́й на день рожде́ния в ва́шей стране́? Каки́е традицио́нные блю́да вы еди́те?

15. Расскажи́те о ва́шем люби́мом пра́зднике (почему́ э́то ваш люби́мый пра́здник) и подро́бно опиши́те, что вы еди́те на э́тот пра́здник. (Вы мо́жете описа́ть, как вы́глядит пра́здничный стол, т.е. что стои́т на столе́).

16. Мно́гие говоря́т, что кни́га - са́мый лу́чший пода́рок. Вы с э́тим согла́сны? Объясни́те ваш отве́т. Use the following expressions in your responses: я счита́ю, что; по сле́дующим причи́нам; кро́ме того́; действи́тельно; с одно́й стороны́..., с друго́й стороны́...

17. Мно́гие ру́сские говоря́т, что гла́вное не пода́рок, а внима́ние. Что вы ду́маете об э́том? Use the following expressions in your response: че́стно говоря́; тем не ме́нее; с то́чки зре́ния (кого́).

Слова́рь

пуга́ть / напуга́ть (кого́) - *to scare*
беспоко́иться - *to worry*
теря́ть / потеря́ть (кого́) - *to lose*
огорча́ться / огорчи́ться - *to get upset*
сокро́вище - *treasure*
расстава́ться / расста́ться с (кем) - *to part with*
дурачо́к - *fool*
получи́ть нали́чными - *to receive by cash*
е́сли я действи́тельно сто́ю сто ты́сяч миллио́нов, то не мог бы я получи́ть нали́чными хоть немно́го, что́бы я мог купи́ть ма́ленького щенка́? - *If I really cost 100000000000, maybe I could receive in cash some of this money so I could buy a puppy?*

щено́к - *puppy*
похо́же, что - *it looks like, ...*
поду́мать то́лько - *just think*
появи́ться на свет = роди́ться - *to appear in the world (to be born)*
Бо́же мой! - *My gosh!*
кро́шка = малы́ш - *baby*
рад - *happy*
ты не рад, что ли? - *Are you not happy?*
пиро́г - *pie*
све́чка - *candle*
не в пирога́х сча́стье - *happiness isn't in pies*
сойти́ с ума́ - *to go crazy*
ты что, с ума́ сошёл? - *Have you lost your mind?*

«Ка́рлсон верну́лся» (0:00-19:06)

Домоуправи́тельница Фрекенбо́к (0:00-2:46)

До просмо́тра

1. In groups come up with as many positive and negative personal traits as possible. List them in Russian in the table below.

положи́тельные черты́	отрица́тельные черты́

Пе́рвый просмо́тр (без зву́ка)

2. After you watch the episode once, work in groups and write down in Russian as many adjectives as possible that describe the people, animals, and objects in this episode.

_____

_____

_____

_____

_____

Второй просмотр (со звуком)

3. Кто говорит следующее? Who says the following? (персонажи: Малыш, Карлсон, мама, папа, брат)

1. Не вздыхай, так надо. _____
2. Я сделаю из неё человека. _____
3. Вам придётся оставить эту гадкую привычку. _____
4. Так это вы давали объявление. _____

После просмотра

4. Вопросы. Answer the following questions in complete sentences.

1. Почему Малыш грустит?
2. Какое объявление дали родители Малыша в газету? Как вы думаете, почему они дали объявление?
3. Как вы думаете, Малышу и его родителям понравилась Фрекенбок? Почему вы так думаете?
4. Как Фрекенбок выглядит?
5. Какое ваше первое впечатление о ней (какой у неё характер)? Почему?
6. Что она говорит сама о себе (какой она человек)?

5. Упражнение. After Frekenbock moves in, Malysh's family will have to change its lifestyle. Что им придётся сделать (What will they have to do)?

Образец: Бабушка - печь блины
           Бабушке придётся печь блины.

Малыш - хорошо учиться   друзья - не играть в футбол дома
собака - сидеть тихо   соседи - не шуметь
мама - не беспокоиться   тётя Мария - готовить блины
отец - бросить курить   дядя Игорь - гулять с собакой
все - слушаться Фрекенбок   брат Николай - ходить на лекции
Карлсон - не баловаться

6. Упражне́ние. As you noticed, from the very beginning Frekenbock bans Malysh's family from doing many things around the house. Here is a list of prohibitions that she wrote for the family to live by. Read it out loud making all the necessary grammatical changes. She addresses <u>all</u> of the household members.

Note: Use Imperfective form with negation!

He _____ (to smoke)!

He _____ (to sing)!

He _____ (to watch TV in the evening)!

He _____ (to run)!

He _____ (to be naughty)!

He _____ (to disturb me)!

He _____ (to eat my buns)!

He _____ (to open the window)!

He _____ (to stay on the balcony)!

7. Объявле́ние

You are looking for a baby sitter who will teach your child Russian. Write an ad to a Russian newspaper. Mention what personal traits you are looking for in a babysitter. Use the following expressions:

тре́буется

ня́ня / воспита́тельница

У неё до́лжен быть.....хара́ктер (она́ должна́ быть.....)

Давайте поговорим

8. You have received a number of responses to your ad. Create a dialogue with a partner in which you interview a babysitter and decide if this is the person you want to hire. (One student will be a prospective babysitter and the other will be a potential employer). You can jot down your ideas in the space provided below.

As a person who is hiring a babysitter, write down five questions you might ask during the interview. Be ready to talk in detail about the duties that you want your babysitter to fulfill.

As a potential babysitter be ready to sell yourself by sharing with the interviewer your personal and professional qualities (for adjectives see the Appendix) as well as detailed descriptions of your work experience.

Словарь

требуется - *is needed*
воспитательница - *nanny*
не вздыхай, так надо - *do not sigh, it is necessary (it is for the best)*
я сделаю из неё человека - *I will make a person / human out of it*
курение - *smoking*
здоровье - *health*

вам придётся оставить эту гадкую привычку - *you will have to give up this nasty habit*
давать / дать объявление - *to place an ad*
домоуправительница - *housekeeper*
безумно - *очень*

Роди́тели ухо́дят на рабо́ту (2:46-4:58)

Пе́рвый просмо́тр (без зву́ка)

1. Посмотри́те эпизо́д и скажи́те, где, по-ва́шему, рабо́тают роди́тели Малыша́?

Второ́й просмо́тр (со зву́ком)

2. **Кто говори́т сле́дующее?** Who says the following? (персона́жи: Малы́ш, Ка́рлсон, роди́тели, Фрекенбо́к)

   1. Отда́й плю́шку. _____

   2. Ах, кака́я му́ка воспи́тывать! _____

   3. Будь осторо́жна. _____

По́сле просмо́тра

3. **Вопро́сы.** Answer the following questions in complete sentences.

   1. Что лю́бит Фрекенбо́к есть на за́втрак?

   2. Почему́ Фрекенбо́к закры́ла Малыша́ в ко́мнате?

   3. Е́сли бы вы бы́ли Малышо́м, что́ бы вы сде́лали в тако́й ситуа́ции? Почему́?

4. Упражне́ние. You are Malysh, and you tell Karlson what Frekenbock wanted you to do. Finish the commands below in imperative form with the things that she said in this part of the cartoon:

Образе́ц: Фрекенбо́к сказа́ла мне: *«Во-пе́рвых, чита́й кни́гу.»*

Фрекенбо́к сказа́ла мне:
«Во-пе́рвых, _____. Во-вторы́х, _____.
В-тре́тьих, _____.» Ка́рлсон, она́ - домомучи́тельница.

5. Упражне́ние. Karlson is shocked to hear about all the things that Frekenbock wants Malysh to do. Using что́бы + past tense construction put the sentences from the previous exercise in the subjunctive mood.

Образе́ц: Чита́й кни́гу.
           Она́ хо́чет, что́бы ты чита́л кни́гу?!

1. _____
2. _____
3. _____

Дава́йте поговори́м

6. Что вы еди́те на за́втрак? Узна́йте у студе́нтов в кла́ссе, что они́ едя́т на за́втрак (люби́мая еда́), на обе́д, на у́жин, и расскажи́те, кака́я са́мая популя́рная еда́ в ва́шей гру́ппе / стране́.

7. В гру́ппах напиши́те меню́ на сле́дующие пра́здники: Но́вый год, День благодаре́ния, День ма́тери, День Свято́го Валенти́на, сва́дьба.

8. Вы рабо́таете журнали́стом в ру́сской газе́те и пи́шете статьи́ о еде́. Напиши́те реце́пт ва́шего люби́мого блю́да. Use the following expressions in your recipe: снача́ла; пото́м; до того́ как; пе́ред тем как; по́сле э́того.

_____

_____

_____

_____

_____

_____

_____

_____

_____

_____

Слова́рь

не узна́ть - *not to recognize*
ребёнок - *child*
отда́й плю́шку - *give the bun*
во-пе́рвых, во-вторы́х, в-тре́тьих - *first, second, third*
снача́ла - *at first*
пото́м - *then*
сла́дкое - *sweets*
по́ртить фигу́ру - *to ruin one's figure*

ах, кака́я му́ка воспи́тывать! - *It is such a pain to raise children*
вы́мой ру́ки - *wash your hands*
дитя́ моё - *babe (sweetie)*
займи́сь э́тим зве́рем - *take care of this animal*
будь осторо́жна - *be careful*
лиза́ть / облиза́ть с ног до головы́ - *to lick from head to toe*

Ка́рлсон верну́лся (4:59-7:18)

Пе́рвый просмо́тр (без зву́ка)

1. As you watch the episode, write down as many nouns related to the topic "house" or "apartment" as you can recognize. Compare your list with the lists of other students in the class.

   _____

   _____

   _____

   _____

2. Put these nouns in plural.

Второ́й просмо́тр (со зву́ком)

3. **Кто говори́т сле́дующее?** Who says the following? (персона́жи: Малы́ш, Ка́лсон, Фрекенбо́к)

   1. Где ты пропада́л всё э́то вре́мя? _____

   2. Что ты орёшь? Ты же мне всю ры́бу распуга́л. _____

   3. Мне сро́чно нужна́ запра́вка. _____

   4. Тащи́ свою́ колбасу́. _____

   5. Не реви́. _____

По́сле просмо́тра

4. Вопро́сы. Answer the following questions in complete sentences.

1. Почему́ Ка́рлсона так до́лго не́ было? Где он был?

2. Как вы ду́маете, почему́ Ка́рлсон появля́ется то́лько тогда́, когда́ Малышу́ гру́стно?

5. Упражне́ние. Rephrase the following sentences using phrases from the vocabulary list at the end of this episode.

1. Где ты был всё это вре́мя?

_____

2. Почему́ ты кричи́шь?

_____

3. Неси́ колбасу́.

_____

4. Не плачь.

_____

5. Шокола́дный торт? Хорошо́, норма́льно, я его́ съем.

_____

6. Упражне́ние. When Karlson came back he said to Malysh that he urgently needs a fill-up «Мне сро́чно нужна́ запра́вка.» Say what you need urgently in the following situations:

Образе́ц: Я де́лаю пи́ццу, а у нас нет сы́ра.
Мне сро́чно ну́жен сыр (мне сро́чно на́до купи́ть сы́ру).

1. Я опа́здываю на по́езд, а моя́ маши́на слома́лась.

_____

2. Студе́нт до́лжен писа́ть курсову́ю рабо́ту, а в библиоте́ке нет кни́ги.

_____

3. На у́лице дождь, а я без зонта́.

_____

4. Ба́бушка собира́ется жа́рить карто́шку, а ма́сла в до́ме нет.

_____

5. У бра́та за́втра экза́мен, а он не понима́ет материа́л.

_____

7. **Упражне́ние.** As you watch the episode the third time without sound, recreate in Russian as much as you can of the dialogue between Malysh and Karlson. The first line is done for you.

М: Ка́рлсон, приве́т! Э́то ты?

К: ......

_____

_____

_____

_____

_____

_____

_____

_____

_____

Дава́йте поговори́м

8. Ка́рслон говори́т, что он был у ба́бушки в гостя́х. Расскажи́те, когда́ вы ви́делись с ва́шими ро́дственниками в после́дний раз. Расскажи́те в дета́лях, что вы там де́лали, как провели́ вре́мя, когда́ вы там бы́ли ? (На кани́кулах? На пра́здниках?)

9. Случа́лось ли с ва́ми в де́тстве, что роди́тели вас наказывали и запира́ли в ко́мнате? За что? Расскажи́те слу́чай из де́тства.

10. Как вы ду́маете, дете́й на́до наказывать? Почему́ вы так ду́маете? Е́сли на́до, то како́е наказа́ние лу́чше всего́ влия́ет на воспита́ние ребёнка? Use the following expressions in your response: че́стно говоря́; тем не ме́нее; с то́чки зре́ния (кого́), с одно́й стороны́..., с друго́й стороны́...

Слова́рь

стуча́ть / постуча́ть в дверь - *to knock at the door*

аква́риум - *aquarium*

лови́ть / пойма́ть ры́бу - *to fish (to catch fish)*

где ты пропада́л всё э́то вре́мя? - *where have you been all this time?*

что ты орёшь? - *why are you screaming?*

ора́ть / поора́ть - *to scream* (imperative form denotes a process, state)

обнима́ть / обня́ть (кого́) - *to hug*

ру́хнуть - *to fall*

мне сро́чно нужна́ запра́вка - *I urgently need a fill-up*

торт со взби́тыми сли́вками подойдёт - *a cake with whipped cream will do*

вы должны́ бы́ли наде́яться изо всех сил - *you should have hoped the best you could*

га́дость (f)- *disgusting thing*

вали́ - *OK* (an indication of a permission)

тащи́ свою́ колбасу́ - *bring* (colloq.) *your kielbasa down here*

я за́перт - *I am locked*

домомучи́тельница is a pun that means = дом + учи́тельница - *tutor, governess;* М + учи́тельница= мучи́тельница (му́чить) - *a torturer,* from *"to torture";* домомучи́тельница - *torturess*

реве́ть / п媒реве́ть, пореве́ть - *to cry*

Домомучи́тельница смо́трит телеви́зор
(7:18-9:20)

Пе́рвый просмо́тр (без зву́ка)

1. Вопро́сы. Watch the episode without sound and answer the following questions in Russian.

    1. Как вы ду́маете, о чём расска́зывается в переда́че по телеви́зору, кото́рую смо́трит Фрекенбо́к?

    2. Как вы ду́маете, Фрекенбо́к понра́вилась э́та телепереда́ча? Почему́ вы так ду́маете?

Второ́й просмо́тр (со зву́ком)

2. Кто говори́т сле́дующее? Who says the following? (персона́жи: Малы́ш, Ка́лсон, Фрекенбо́к, телеведу́щий)

    1. Начина́ем на́шу очередну́ю переда́чу «Из жи́зни привиде́ний».
    _____

    2. Безобра́зие. Смотре́ть проти́вно. _____

    3. Фу, как некульту́рно. _____

    4. Ты что, огло́хла? Я, ка́жется, к тебе́ обраща́юсь. _____

    5. Ну, чем я ху́же? Безобра́зие. _____

По́сле просмо́тра

3. Вопро́сы. Answer the following questions in complete sentences.

    1. Как называ́теся переда́ча, кото́рую смо́трит Фрекенбо́к? О чём э́та переда́ча?

    2. Что Фрекенбо́к ду́мает об э́той переда́че? (Ей нра́вится или не нра́вится э́та переда́ча? Почему́?)

    3. О чём про́сит телеведу́щий зри́телей в конце́ переда́чи?

    4. Како́й но́мер телефо́на он дал?

4. Упражне́ние. Comparatives. Fill in the blanks with the appropriate comparative adjectives.

Boasting

1. У Ка́ти хоро́ший дом, а у меня́ _____.
2. У Ка́ти больши́е глаза́, а у меня́ _____.
3. Ка́тя молода́я, а я _____.
4. Ка́тина колле́кция ма́рок ре́дкая, а моя́ _____.
5. У Ка́ти ти́хий райо́н, а у меня́ _____.
6. У Ка́ти дли́нные во́лосы, а у меня́ _____.
7. Ка́тина у́лица у́зкая, а моя́ _____.
8. У Ка́ти дорога́я маши́на, а у меня́ _____.
9. Ка́тя у́мная, а я _____.
10. Ка́тя прия́тный челове́к, а я _____.
11. Ка́тя просто́й челове́к, а я _____.
12. Ка́тя весёлая, а я _____.
13. Ка́тя ми́лая, а я _____

Complaints

1. У Ми́ши плохо́й телеви́зор, а у меня́ _____.
2. У Ми́ши ма́ленький нос, а у меня́ _____.
3. У Ми́ши ста́рая крова́ть, а у меня́ _____.
4. У Ми́ши дешёвый велосипе́д, а у меня́ _____.
5. У Ми́ши коро́ткие но́ги, а у меня́ _____.
6. У Ми́ши некраси́вая ко́мната, а у меня́ _____.
7. Ми́ша ста́рый, а я _____.

5. Упражне́ние. Номера́ телефо́нов. You would like to create a student phone directory. Walk around the class and collect your peers' phone numbers.

6. Упражне́ние. Ка́ждый. Insert the pronoun ка́ждый in the appropriate form in the spaces below.

_____ ребёнок лю́бит мечта́ть. У _____ ребёнка есть мечта́ име́ть соба́ку. _____ день Малы́ш говори́т об э́том свои́м роди́телям. С _____ днём Малы́ш говори́т о соба́ке ча́ще и ча́ще. И вот, наконе́ц, на пра́здник роди́тели Малыша́ реши́ли подари́ть _____ ребёнку в семье́ пода́рок. Они́ вспо́мнили о _____ жела́нии свои́х дете́й, и Малы́ш получи́л соба́ку.

7. Упражне́ние. Imagine that you are one of the thieves from the cartoon, and you are being interviewed on TV about what you witnessed on the roof. Write a brief story about what you experienced and how things happened. You can watch the episode again. Use as many verbs of motion with prepositions as possible. Some of them are given for you below.

Imperfective / Perfective

взлета́ть / взлете́ть
вылета́ть / вы́лететь (из)
ползти́ / проползти́ наза́д
бе́гать, бежа́ть / убежа́ть (из, от)
кати́ться / покати́ться (по кры́ше)
зала́зить / зале́зть (на кры́шу, в коро́бку)

«Вот как всё э́то бы́ло.......

_____

_____

_____

_____

_____

_____

_____

_____

_____»

Дава́йте поговори́м

8. Расскажи́те о ва́ших люби́мых телепереда́чах. Почему́ вы лю́бите их смотре́ть?

9. Суббо́та. Ве́чер. Кани́кулы. Вы живёте с сосе́дом, но у вас то́лько оди́н телеви́зор на двои́х, и ка́ждый хо́чет смотре́ть свою́ люби́мую переда́чу. Create a dialogue in which you and your roommate are trying to agree on which TV program to watch. Try to get your roommate interested in the program you want to watch. Give examples from previous episodes and description of your program to intrigue your roommate and make him/her watch what you want. Use the following expressions in your response: по-мо́ему; во-пе́рвых; во-вторы́х; поэ́тому.

Слова́рь

домомучи́тельница - *home torturer*

очередна́я переда́ча - *next program*

убеди́тельно про́сим - *strongly recommend (request)*

уводи́ть / увести́ дете́й - *to take children away*

встре́ча - *meeting*

ди́кое, но симпати́чное привиде́ние - *wild but cute ghost*

вот как всё э́то бы́ло - *that is how it happened*

безобра́зие - *How disgraceful!*

смотре́ть проти́вно - *it is disgusting to watch it.*

фу, как некульту́рно - *Oh, how uncivilized.*

огло́хнуть - *to go deaf*

обраща́ться / обрати́ться к (кому́) - *to address someone*

подо́бное - *such*

пока́зывать по телеви́зору - *to show on TV*

сообща́ть / сообщи́ть - *to inform*

реда́кция - *editors*

Ка́рлсон и Малы́ш разы́грывают домомучи́тельницу (9:21-11:30)

Пе́рвый просмо́тр (без зву́ка)

1. As you watch the episode, think of 5-6 different adverbs to describe Karlson's actions listed below.

Ка́рлсон
- сиди́т ....
- стои́т ...
- говори́т ...
- смо́трит ...
- лета́ет ...

Второ́й просмо́тр (со зву́ком)

2. Кто говори́т сле́дующее? Who says the following? (персона́жи: Малы́ш, Ка́рлсон, Фрекенбо́к, ма́ма, па́па)

1. Угада́й-ка! Кто лу́чший в ми́ре.....? _____
2. Полете́ли. _____
3. Вылеза́й, шалу́н. _____
4. Как же так? _____
5. Приня́ть ка́пли от головы́. _____

По́сле просмо́тра

3. В како́м поря́дке? Put the following events from this episode in order. There may be some events that do not occur in this episode!

____ Фрекенбо́к се́ла на́ пол в шо́ке.

____ Ка́рлсон посади́л Малыша́ на́ спину, и они́ вы́летели из ко́мнаты.

____ Фрекенбо́к подошла́ к крова́ти и подняла́ её.

____ Ка́рлсон привёз Малыша́ в ко́мнату, и Малы́ш на́чал писа́ть.

____ Фрекенбо́к подошла́ к шка́фу и посмотре́ла в шкафу́, нет ли там Малыша́.

____ Фрекенбо́к вошла́ в ко́мнату и начала́ иска́ть Малыша́.

____ Ка́рлсон закры́л дверь на ключ.

____ Малы́ш пла́чет.

4. Вопросы. Answer the following questions in complete sentences.

1. Что повторяет Фрекенбок, когда она хочет найти Малыша?

2. Какой план придумал Карлсон? Как вы думаете, это был хороший план? Почему вы так думаете?

3. Расскажите, как отреагировала Фрекенбок на то, что происходит в комнате.

5. Упражнение. Karlson is an extremely nosy person, and he asks lots of questions. Answer his questions by putting the phrases (adjectives + masculine nouns) in parentheses in the locative form. Insert the necessary prepositions.

1. - Где стоят чашки? - Чашки стоят _____
(кухонный шкаф).

2. - Где ты ловишь рыбу? - Я ловлю рыбу _____
(деревянный мост)

3. - Где растут яблоки? - Они растут _____
(наш сад).

4. - Где ты потерял конфеты? - Я потерял конфеты _____
(белый снег).

5. - Когда ты родился? - Я родился _____
(1989 год).

6. - Где лежит ковёр? - Ковёр лежит _____
(холодный пол).

7. - Где ты любишь отдыхать? - Я люблю отдыхать _____
_____ .   (песочный берег)

8. - Где ты собираешь грибы? - Я собираю грибы _____
_____ .   (сосновый лес)

9. - Где ты стоишь? - Я стою _____
(угол).

10. - Что с тобой? - У меня аллегрия _____ .
(правый глаз, мой нос, рот)

What is special about the declension of the masculine nouns above?

6. Упражне́ние. Лека́рство от головы́. Karlson wants to know what the following remedies cure. Answer his questions again by putting the phrases in parentheses in the proper form.

Карлсон: Что э́то за лека́рства?

Вы: Аспири́н от _____ (высо́кая температу́ра).

Адви́л от _____ (головна́я боль).

Тайлоно́л от _____ (грипп).

На́йтквил от _____ (жар и на́сморк).

Чай от _____ (больно́е го́рло и си́льный ка́шель).

Дава́йте поговори́м

7. Вы лю́бите шути́ть? Расскажи́те каку́ю-нибудь шу́тку и́ли слу́чай, когда́ вы кого́-нибудь разыгра́ли.

8. В каки́е и́гры лю́бят игра́ть де́ти в ва́шей стране́? Как в них игра́ть? Каки́е там пра́вила?

Слова́рь

угада́й, кто лу́чший в ми́ре ... - *guess, who is the best ... in the world?*

уга́дывать / угада́ть - *to guess*

укроти́тель (m) домомучи́тельниц - *tamer of home tormentors*

шепта́ть / прошепта́ть - *to whisper*

врать - *to lie*

ты ве́сишь-то на все во́семь - *you weigh all of 8 kilos*

 боти́нок - *boot*

вылеза́ть / вы́лезти - *get out*

шалу́н (m), шалу́нья (f) - *naughty child*

как же так? - *what happened? How is it possible?*

пти́ца лета́ет - *a bird flies*

приня́ть ка́пли от головы́ - *to take pills for headache*

Карлсон, Малыш и Фрекенбок (11:30-16:27)

Первый просмотр (без звука)

1. As you watch this episode, think of possible verbs of motion that can help you retell this part. Fill in the table below with verbs denoting the motion of each character in this episode.

	Фрекенбок	Карлсон	Малыш
Что делают?			

Второ́й просмо́тр (со зву́ком)

2. Кто говори́т сле́дующее? Who says the following? (персона́жи: Ка́рлсон, Малы́ш, Фрекенбо́к)

1. Приве́т от привиде́ния. _____

2. Како́й кошма́р. _____

3. Э́то про́сто у́жас. _____

4. Подожди́, я сейча́с всё вы́ясню. _____

5. Вот э́то да! _____

6. А мы тут, зна́ете, всё плю́шками ба́луемся. _____

7. Переста́нь есть плю́шки. _____

8. Ты тако́й чудно́й. _____

9. Никого́. _____

10. Скажи́ мне, ми́лый ребёнок, в како́м у́хе у меня́ жужжи́т? _____

11. Кака́я доса́да! _____

12. В чём де́ло? _____

13. Зна́чит, это Вы таска́ли мои́ плю́шки. _____

14. А у Вас молоко́ убежа́ло. _____

15. Валя́й. _____

По́сле просмо́тра

3. Вопро́сы. Answer the following questions in complete sentences.

1. Что беспоко́ит Ка́рлсона?

2. Куда́ он поле́з и заче́м?

3. Почему́ Малы́ш смеётся всё вре́мя?

4. Расскажи́те, что уви́дела Фрекенбо́к, когда́ она́ вы́шла из ко́мнаты Малыша́?

5. Как Ка́рлсон реши́л разыгра́ть Фрекенбо́к? Как посту́пки Ка́рлсона характеризу́ют его́?

6. Расскажи́те, что сде́лал Ка́рлсон, когда́ Фрекенбо́к верну́лась в ко́мнату Малыша́?

7. Расскажи́те, что де́лала Фрекенбо́к в ва́нной и почему́?

4. Упражне́ние. The following people were not able to come to the party with you and asked you to say hello to the host. Report to your host who said hello.

Образе́ц: Приве́т от (Ива́н)
Приве́т от Ива́на!

Приве́т от (Мари́на, Серге́й, Оле́г, И́горь, Ко́ля, Ле́на, друзья́, сосе́ди, сёстры, бра́тья).

5. Упражне́ние. Karlson tells Malysh to stop eating buns: «Переста́нь есть плю́шки.» You are baby sitting your neighbor's children, and they are misbehaving. Make a list of six things that they need to stop doing.

Переста́нь (те) … (+ Imperfective verb *only*)

1. _____   4. _____

2. _____   5. _____

3. _____   6. _____

6. Упражне́ние. As you remember, Karlson is always hungry. Imagine that you are Frekenbock who is treating Karlson and who is surprised about how large an appetite this little man has. Comment on how much Karlson has eaten / drunk by putting the ordinal numbers (*first, second, fifth and etc.*) below into the necessary form.

Образе́ц: Ка́рлсон, ты уже́ съел (3 бутербро́д)!
Ка́рлсон, ты уже́ съел третий бутербро́д!

Ка́рлсон, ты уже́ съел / вы́пил …

(7 плю́шка) _____

(2 таре́лка су́па) _____

(5 кусо́к пи́ццы) _____

(8 ча́шка ча́ю) _____

(3 пли́тка шокола́да) _____

(4 пирожо́к) _____

(10 пиро́жное) _____

(9 буты́лка лимона́да) _____

7. Упражне́ние. Эмо́ции. How would you express the following emotions in Russian?

That is terrible! _____

WOW! _____

What a pity! _____

OK, go ahead. _____

Disgusting! _____

Oh, how uncivilized._____

7a. Упражне́ние. How would you react in the situations described below? Use expressions of emotions from exercise 7.

1. К вам пришёл друг. Он спра́шивает вас, мо́жно ли включи́ть телеви́зор.

2. Ваш друг упа́л и слома́л но́гу.

3. Ва́ша подру́га прие́хала из Флори́ды и хоте́ла показа́ть вам фотогра́фии. Когда́ она́ откры́ла су́мку, то она́ поняла́, что забы́ла фотогра́фии до́ма.

4. Я вы́играл в лотере́ю.

5. Вы идёте по у́лице и ви́дите, что лю́ди едя́т бана́ны и броса́ют кожуру́ под де́рево.

Дава́йте поговори́м

8. Фрекенбо́к хо́чет рассказа́ть по телеви́зору о симпати́чном привиде́нии. If you were invited to speak on TV about an unusual thing that happened to you, what story would you tell?

9. Pretend you are Frekenbock and you have been invited by a TV program to share your experience about meeting a ghost. Retell the episode from Frekenbock's point of view using the verbs of motion below. You can add additional details to your story.

> выходи́ть / вы́йти из ко́мнаты - *to come out of the room*
>
> подбега́ть / подбежа́ть к столу́ - *to run to the table*
>
> скака́ть, пры́гать - *to jump*
>
> подходи́ть / подойти́ к Малышу́ - *to come up to / to approach Malysh*
>
> залеза́ть / зале́зть под кре́сло, на стол - *to climb under the armchair, on the table*

вылеза́ть / вы́лезти из-под кре́сла - *to climb from under the armchair*

взлета́ть / взлете́ть - *to fly up*

убега́ть / убежа́ть - *to run away*

влета́ть / влете́ть - *to fly into something*

10. Слу́шатели хотя́т знать, как вы́глядит привиде́ние. Describe the ghost in as much detail as possible (appearance and characteristics). Use the descriptive adjectives from the Appendix.

11. You are one of the thieves and are asked to give a detailed description of the ghost to create a police sketch so the Ghostbusters can find it. (Hint: would your description be similar or different from the one given by Frekenbock in question 10?)

Слова́рь

како́й кошма́р - *How terrible!*

э́то про́сто у́жас - *It is terrible*

у вас в до́ме завела́сь говоря́щая голова́ - *you have a talking head in your house*

подожди́, я сейча́с всё вы́ясню - *wait, I will figure out / clarify everything*

вот э́то да - *wow*

а мы тут, зна́ете, всё плю́шками ба́луемся - *you know, we are just eating buns over here*

переста́нь есть плю́шки - *stop eating buns*

ты тако́й чудно́й - *you are so funny / strange*

я так ей нра́вился - *she liked me so much*

никого́ (нет) - *there is no one here*

скажи́ мне, ми́лый ребёнок, в како́м у́хе у меня́ жужжи́т? - *tell me, dear child, in which ear do I hear a buzz?*

кака́я доса́да! - *what a pity!*

в чём де́ло? - *what happened?*

убега́ть / убежа́ть - *to run away*

пове́дать ми́ру - *to tell the world*

зала́зить / зале́зть - *to climb, to get into*

вче́тверо - *four times*

таска́ть плю́шки - *to steal buns*

у вас молоко́ убежа́ло - *your milk boiled over*

ро́зыгрыш - *prank*

шалуни́шка - *naughty person*

валя́й - *OK, go ahead*

Ка́рлсон улете́л (16:27-19:04)

Пе́рвый просмо́тр (без зву́ка)

1. How do Malysh, Frekenbock and Karlson spend their time in this section of the cartoon? List three things in Russian each character does.

Малы́ш _____

Ка́рлсон _____

Фрекенбо́к _____

Второ́й просмо́тр (со зву́ком)

2. Кто говори́т сле́дующее? Who says the following? (персона́жи: Малы́ш, Ка́лсон, Фрекенбо́к, роди́тели)

1. Кака́я доса́да. _____
2. Я их специа́льно вы́звала. _____
3. На телеви́дении э́того добра́ хвата́ет без Вас. _____
4. Ну как хорошо́, что вы пришли́! _____
5. Идёмте, я вас наконе́ц с ним познако́млю! _____
6. Он улете́л, но он обеща́л верну́ться! _____

По́сле просмо́тра

3. Вопро́сы. Answer the following questions in complete sentences.

1. Почему́ Фрекенбо́к заду́малась?
2. Что отвеча́ет Ка́рлсон на э́то?
3. Как Ка́рлсон характеризу́ет себя́? Каки́е слова́ он испо́льзует?
4. Что ду́мает Фрекенбо́к о Ка́рлсоне? Как она́ его́ характеризу́ет в конце́ мультфи́льма?
5. Как вы ду́маете, почему́ Ка́рлсон улете́л, когда́ пришли́ роди́тели?
6. Как вы ду́маете, он вернётся? Почему́ вы так ду́маете?

4. **Упражне́ние.** Frekenbock tells Karlson that there are plenty of people like him on TV (На телеви́дении э́того добра́ хвата́ет без Вас). What kind of things are plentiful in the following places? Put the following words into grammatical sentences:

Образе́ц: на / у́лица / хвата́ть / маши́на
            На у́лице хвата́ет маши́н.

1. в / дере́вня / хвата́ть / де́тские сады́

   _____

2. в / класс / хвата́ть / сту́лья и столы́

   _____

3. на / сце́на / хвата́ть / свет и декора́ции

   _____

4. в / кварти́ра / хвата́ть / тепло́

   _____

5. в / го́род / хвата́ть / энэ́грия

   _____

Дава́йте поговори́м

Use at least four of the following expressions (cohesive devices) in your responses:

по-мо́ему	пе́ред тем, как	зна́чит
че́стно говоря́	по́сле того́, как	как оказа́лось
вообще́ говоря́	снача́ла	что́бы
безусло́вно	пото́м	кото́рый
разуме́ется	наконе́ц	к сча́стью; к сожале́нию
вероя́тно	кро́ме того́	коне́чно
наприме́р	поэ́тому	одни́м сло́вом
во-пе́рвых, во-вторы́х		ина́че говоря́

5. Вы узна́ли, как Ка́рлсон, Малы́ш и Фрекенбо́к прово́дят своё свобо́дное вре́мя. Расскажи́те, каки́е пла́ны у вас на ближа́йшие выходны́е (на кани́кулы, на ле́то). Расскажи́те, как вы провели́ выходны́е (кани́кулы, ле́то).

6. Поду́майте о любо́м геро́е э́того мультфи́льма. Prepare his / her detailed description (appearance and personal characteristics). Describe your character to the class without naming him/her and let others guess whom you have described.

7. Ка́рлсон - Барт Си́мпсон - Ти́нкербел. Some of your friends did not watch "Karlson" but heard some things about this character and want to know more about him. To help your friends imagine Karlson compare him (his appearance and characteristics) to other cartoon characters such as Bart Simpson or Tinkerbell.

8. Люби́мый эпизо́д. Russians love this cartoon and many know it by heart. What episode was funniest to you and why? Give a detailed narration of what happened in your favorite episode so your peers understand why it became your favorite.

Слова́рь

кака́я доса́да - *how upsetting!*
телевизио́нные де́ятели иску́сств
   - *TV art people*
вызыва́ть / вы́звать - *to call/ to invite*
на телеви́дении э́того добра́
   хвата́ет без Вас - *there is enough of such stuff on TV without you (there are plenty of people like you on TV)*

наконе́ц - *finally*
обеща́ть (кому́) - *to promise*
возвраща́ться / верну́ться - *to come back*

Further Topics for Class Discussion, Oral Reports and Essays

1. Како́й персона́ж в «Ка́рлсоне» ваш люби́мый? Каки́е ка́чества вам в нём нра́вятся и почему́? Опиши́те в дета́лях как он / она́ вы́глядит? Где он живёт? Что он / она́ де́лает? Что лю́бит? Каку́ю роль он / она́ игра́ет в э́том му́льтике? Почему́ это ваш люби́мый персона́ж? Вы бы хоте́ли с ним / ней дружи́ть, почему́ да или нет?

2. Вы рабо́таете на киносту́дии. You are asked to write a sequel to Karlson. Write a sequel and think of what actors you would invite to be in your cartoon / film to provide the voices for / to play Karlson, Malysh and Frekenbock. Why would you invite these actors?

3. You are filling out a page on your Facebook in Russian that calls for a description of your personality. Write a short description of your personal traits to attract as many friends as possible. Be creative!

4. Вы познако́мились с Чебура́шкой. Как вы ду́маете, чем Чебура́шка похо́ж и чем он отлича́ется от Ка́рлсона. О́ба э́ти геро́я - фанта́зия писа́теля. Како́й геро́й вам нра́вится бо́льше и почему́? Что могло́ бы случи́ться, е́сли бы э́ти геро́и встре́тились в одно́м мультфи́льме? Что бы они́ де́лали? Они́ ста́ли бы друзья́ми? Им бы́ло бы ве́село вме́сте? Write a script of a new cartoon in which Karlson meets Cheburashka (you also can include other characters such as Gena, Malysh, Shapoklyak and Frekenbock). Act out your script in class. (Before you act it out, let peers from the other group edit your script. Your script should consist not only of dialogues but also of narrations and descriptions in present, past and future tense).

5. Посмотри́те кни́гу А́стрид Ли́ндгрен «Ка́рлсон, кото́рый живёт на кры́ше». Кака́я в ней есть информа́ция о персона́жах, кото́рой нет в му́льтике? Кака́я ещё ра́зница есть ме́жду кни́гой и мультфи́льмом?

6. По интерне́ту поищи́те анекдо́ты про Малыша́ и Ка́рлсона. Каки́е есть? Как вы ду́маете, почему́ их так мно́го / ма́ло?

Appendix
Describing Appearance and Personality

Какóй он? Какáя онá?

The prefix (не) in parentheses indicates that the following adjective can form an adjective with the opposite meaning by adding не-.

absent-minded - рассéяный

affectionate, tender - лáсковый, нéжный

attentive, thoughtful - (не)внимáтельный

attractive - привлекáтельный

boasting - хвастли́вый

bold - смéлый, отвáжный нáглый, нахáльный

boring - скýчный

bright, smart - ýмный

bully, troublemaker - зади́ра, забия́ка, драчýн / драчýнья

businesslike, efficient - делови́тый

calm - (не)спокóйный

capable - (не)спосóбный

carefree - беззабóтный

careful - (не)осторóжный

caring - забóтливый

charming - обая́тельный, очаровáтельный

chatty, talkative - болтли́вый

cheerful, merry - (не)весёлый

communicative, sociable - (не)общи́тельный

competent - (не)компетéнтный

conscientious - (не)добросóвестный

courageous - смéлый

cowardly - трусли́вый

cruel - жестóкий

curious - любопы́тный

cute - забáвный, симпати́чный

daring, bold - (не)смéлый

delicate - деликáтный

diligent - приле́жный

disciplined - (не)дисциплини́рованный

dumb, stupid - (не)глýпый

educated - (не)образóванный

energetic - энерги́чный, заводнóй

forgetful, unmindful - забы́вчивый

friendly - (не)дружелю́бный

funny - смешнóй

generous - щéдрый

greedy - жáдный

guilty - (не)винóвный

heavy eater, glutton - обжóра

honest - правди́вый, (не)чéстный

ignoble - пóдлый

ignorant - невéжественный

illiterate - негрáмотный

importunate - назóйливый

impudent - нáглый, нахáльный

in love - влюблённый

indefatigable - неугомóнный

industrious, hardworking - (не)трудолюби́вый

inquisitive - любознáтельный

158

interesting, attractive - (не)интере́сный

intractable, mean - вре́дный

irresponsible - безотве́тственный

jealous - ревни́вый

kind - до́брый, добpoду́шный

lazy - лени́вый

light-minded - легкомы́сленный

lonely - одино́кий

loving - лю́бящий

mean, evil - (не)злой

modest - (не)скро́мный

naive - наи́вный

nasty - га́дкий

naughty (child) - шалу́н (m), шалу́нья (f)

neat - (не)аккура́тный

nice, courteous - любе́зный, (не)симпати́чный

obedient - (не)послу́шный

patient - (не)терпели́вый

polite - (не)ве́жливый

punctual - (не)пунктуа́льный

quiet - ти́хий

reliable - (не)надёжный

responsible - отве́тственный, (не)обяза́тельный

responsive - отзы́вчивый

rude - гру́бый

sad - гру́стный

scared - испу́ганный, напу́ганный

self-assured - (не)уве́ренный, самоуве́ренный

selfish - эгоисти́чный

satisfied - дово́льный

serious - (не)серьёзный

shameless - бессты́жий

shy - засте́нчивый

sincere - (не)и́скренний

slow-witted - бестолко́вый

sly, cunning - хи́трый

spineless, weak-willed - бесхара́ктерный

strong - си́льный

stubborn - упря́мый

suspicious - подозри́тельный

tactful - такти́чный

tactful, circumspect - расчётливый

tactless - беста́ктный

talented - тала́нтливый

thoughtful - заду́мчивый

touchy, sensitive - оби́дчивый

trustful - (не)дове́рчивый

weak - сла́бый

untruthful, lying - лжи́вый

understanding - (не)поня́тливый, понима́ющий (други́х)

unpleasant - проти́вный

upset - расстро́енный

weak charactered - слабохара́ктерный

well-mannered - (не)культу́рный

witty - остроу́мный

well-read - начи́танный

s/he has a sweet tooth - сладкое́жка

s/he has sense of humour - у него́ / неё есть чу́вство ю́мора

Челове́к

arm - рука́ (pl. ру́ки)
back - спина́ (pl. спи́ны)
belly - живо́т (pl. животы́)
cheek - щека́ (pl. щёки)
chest - грудь (f)
ear - у́хо (pl. у́ши)
elbow - ло́коть (pl. ло́кти) (m)
eye - глаз (pl. глаза́)
eyebrow - бровь (pl. бро́ви) (f)
eyelash - ресни́ца (pl. ресни́цы)
face - лицо́ (pl. ли́ца)
finger - па́лец (pl. па́льцы) на рука́х
foot - ступня́ (pl. ступни́)
forehead - лоб (pl. лбы)
hair - во́лосы (во́лос – sing.)

hairdo - причёска
hand - рука́ (pl. ру́ки)
head - голова́ (pl. го́ловы)
heel - пя́тка (pl. пя́тки)
knee - коле́но (pl. коле́ни)
leg - нога́ (pl. но́ги)
lip - губа́ (pl. гу́бы)
mouth - рот (pl. рты)
neck - ше́я (pl. ше́и)
nose - нос (pl. носы́)
palm - ладо́нь (pl. ладо́ни) (f)
shoulder - плечо́ (pl. пле́чи)
tooth - зуб (pl. зу́бы)
toe - па́лец (pl. па́льцы) на нога́х
wrinkle - морщи́на (pl. морщи́ны)

Кака́я у неё / него́ вне́шность?

appearance - вне́шность (f)
    S/he has a (un)pleasant appearance. - У неё / него́ (не)прия́тная
       вне́шность.
    attractive - (не)привлека́тельный
    beautiful, handsome - (не)краси́вый
    chubby - пу́хленький, то́лстенький, по́лный
    chubby-faced - круглоли́цый
    good-looking - (не)симпати́чный
    skinny - худоща́вый
    slim - ху́денький
    ugly - стра́шный, уро́дливый
figure - фигу́ра
    S/he has a good figure. - У неё / него́ хоро́шая фигу́ра.
    S/he has a sporty figure. - Она́ / он спорти́вного телосложе́ния.
    S/he has a medium build. - Она́ / он сре́днего телосложе́ния.
height - рост
    S/he is tall (short, medium height) - Она́ / он (не)высо́кого
       (ма́ленького, сре́днего) ро́ста

hair - во́лосы

    Her/his hair is long (short, red, curly, straight). - У неё / него́ дли́нные (коро́ткие, ры́жие, вью́щиеся / кудря́вые, прямы́е) во́лосы.

    He is blond (brunette, brown-haired). - Он блонди́н, брюне́т, шате́н.

    She is blond (brunette, brown-haired). - Она́ блонди́нка, брюне́тка, шате́нка.

    He is bald. - Он лы́сый.

eyes - глаза́

    Her/his eyes are big (small, brown, green, blue, expressive). - У неё / него́ больши́е (ма́ленькие, ка́рие, зелёные, голубы́е, вырази́тельные) глаза́.

Her/his mouth (nose) is big (small). - У неё / него́ большо́й (ма́ленький) нос, рот.

S/he has freckles, a birthmark, a wart, moustaches, beard. - У неё / него́ есть весну́шки, ро́динка, борода́вка, усы́, борода́.

S/he has a beautiful (light) gait. - У неё / него́ краси́вая (лёгкая) похо́дка.

S/he is limping - Она́ / он хрома́ет.

S/he has crooked (long, short) legs. - У неё / него́ кривы́е (дли́нные, коро́ткие) но́ги.

S/he has a hunch back . - У неё / него́ горб.

S/he wears glasses, pants, a shirt, shoes, a wig, a dress, a skirt. - Она́ / он но́сит очки́, брю́ки, руба́шку, ту́фли, пари́к, пла́тье, ю́бку.

S/he lost weight. - Она́ похуде́ла / он похуде́л.

S/he gained weight. - Она́ попра́вилась / он попра́вился.

Что она́ / он чу́вствует?

to be (become) angry - серди́ться / рассерди́ться на (кого́), из-за (чего́) (он серди́т, рассе́ржен)

to be (become) happy - ра́доваться / обра́доваться (чему́) (он рад)

to be (become) mad - зли́ться / разозли́ться на (кого́), из-за (чего́) (он зол)

to be (become) sad - огорча́ться / огорчи́ться из-за (чего́) (он огорчён)

to be surprised - удивля́ться / удиви́ться (чему́) (удивлён)

to be taken aback - опе́шить

to be (become) upset -расстра́иваться / расстро́иться из-за (чего́) (он расстро́ен)

to doubt (something) - сомнева́ться / засомнева́ться в (чём), из-за (чего́)